Grundschule

Stricken, Häkeln, Sticken

Kira Wagner (Hrsg.)

Grundschule

Stricken, Häkeln, Sticken

Schritt für Schritt
für Rechts- und
Linkshänder

Weltbild Verlag

ISBN 3-89350-411-7

Genehmigte Lizenzausgabe für
Weltbild Verlag GmbH, Augsburg 1995/1996
© by Worldcopy Est. Verlagsgesellschaft
Vaduz, Liechtenstein
Nachdruck verboten.
Die Verwertung der Texte und Bilder, auch auszugsweise,
ist ohne Zustimmung des Verlags urheberrechtswidrig und
strafbar. Dies gilt auch für Vervielfältigungen, Übersetzungen, Mikroverfilmung und für die Verarbeitung mit
elektronischen Systemen.

Umschlaggestaltung: Andreas Jacobsen
Fotos: Fotostudio Axel Weber, Wiesbaden; Carla Damler,
Taunusstein; Cornelia Renson, Wiesbaden
Zeichnungen: Wally Löw, Gaby Grübl

Die Ratschläge in diesem Buch sind von Autorinnen und
Verlag sorgfältig erwogen und geprüft, dennoch kann eine
Garantie nicht übernommen werden. Eine Haftung der
Autorinnen bzw. des Verlags und seiner Beauftragten für
Personen-, Sach- und Vermögensschäden ist
ausgeschlossen.

1999871295X7 2635 4453 62

Inhalt

Teil 1 Stricken — 6

Einleitung	8
Über das Material	8
Maßnehmen	10
Herstellen eines Grundschnittes	11
Die Strickprobe	12
Die Symbolschrift	13
Kreuzanschlag	14
Rechte Maschen	16
Linke Maschen	18
Rechts verschränkte Maschen	20
Links verschränkte Maschen	21
Randmaschen	22
Abketten	23
Abheben von gefallenen Maschen	24
Nahtverbindungen	25
Rechte und linke Maschen im Wechsel	26
Streifenmuster	28
Strickmuster, die auf beiden Seiten gleich aussehen	29
Flächenmuster	30
Durchbruchmuster	31
Modelle aus Musterflecken	32
Verwandlungspullover	34
Zunehmen	36
Abnehmen	37
Poncho	38
Klassischer Pullover	40
Buntsticken	48
Kinderpullover buntbestickt	50
Buntstricken	52
Rundstricken	54
Zopfmuster	56
Stricktips	58
Pompons, Kordeln, Quasten	59

Teil 2 Häkeln	60	**Teil 3 Sticken**	120
Einleitung	62	Einleitung	122
Garne und Werkzeuge	62	Werkzeug	122
Grundbegriffe des Häkelns	64	Stickgarne	123
Die Anfangsschlinge	66	Stickgewebe	124
Die Luftmasche	67	Der Stoff oder das Gewebe	126
Die Kettenmasche	68	Webstich	127
Die feste Masche	69	Vorstich	128
Das halbe Stäbchen	72	Steppstich	130
Das einfache Stäbchen	73	Stielstich	132
Das Reliefstäbchen	76	Kettenstich	134
Das zusammen abgemaschte Stäbchen und die Büschelmasche	77	Flachstich	136
		Schlingstich	140
Das doppelte und mehrfache Stäbchen	80	Zickzackstich	142
Das Kreuzstäbchen	81	Hexenstich	144
Die Eckbildung beim Häkeln	84	Kreuzstich	148
Das Formenhäkeln	86	Bildhaftes Gestalten	152
Zunahmen und Abnahmen	92	Knötchenstich	154
Nahtverbindung und Verschlüsse	94	Sternstich	155
Kantenabschlüsse	95	Margeritenstich	156
Tips, Tips, Tips	96	Kreismotive aus Schlingstichen	157
Die tunesische Häkelei	100	Schweizer Zierstiche	160
Zunahmen und Abnahmen bei der tunesischen Häkelei	102	Kästchenstich	162
		Zackenstich	164
Die Filethäkelei	106	Waffelstich	166
Zunahmen und Abnahmen bei der Filethäkelei	108	Hardangerstickerei	168
		Hohlsaum	172
Die Eckbildung bei der Filethäkelei	110	Anleitungen und Tips zur Fertigstellung	175

Teil 1

STRICKEN

von Sabine Oelwein-Schefczik

Einleitung

Bei einer Meinungsumfrage zum Thema »Stricken« waren viele verschiedene Ansichten vertreten. Am häufigsten wurde gesagt:
* »Fertige Stricksachen sind so teuer. Mit Selberstricken kann man Geld sparen.«
* »Beim Stricken kann man kreativ sein und eigene Ideen verwirklichen.«
* »Stricken macht Spaß, und man kann seine Freizeit damit sinnvoll verbringen.«

Sicher würde sich so mancher einer dieser Meinungen anschließen, wenn – ja, wenn er eben stricken könnte. Dieses Buch soll dabei helfen, eine der traditionsreichsten und schönsten Handarbeiten zu erlernen. Für diejenigen, die auf den hier vermittelten Grundkenntnissen aufbauen möchten, ist dann das große Falken-Handbuch »Stricken« empfehlenswert.
Ein Tip: Anfänger sollten bis zum Beherrschen der Technik mit glatter Wolle üben, in der das Maschenbild gut erkennbar ist. Für das erste größere Stück kann dicke Wolle verwendet werden (damit man bald ein Ergebnis sieht!), die ruhig flauschig sein darf. Das hat den Vorteil, daß kleine Unregelmäßigkeiten nicht gleich ins Auge fallen.

Über das Material

Wolle – ein Material, vielseitig wie kaum ein anderes. Wissen sollte man, daß es neben den Naturfasern (von Tieren oder Pflanzen), wie Schafwolle (Schaf), Mohair und Kaschmir (Ziege), Angora (Kaninchen), Alpaka (Lama), Seide (Raupe des Maulbeerspinners), Baumwolle (Baumwollpflanze), Leinen (Flachs), auch viele Chemiefasern gibt, deren Grundlage pflanzlichen oder fossilen Ursprungs ist. Bekannt sind zum Beispiel Viskose, Acetat, Polyacryl, Polyamid, Polyester. Um die Scheuerfestigkeit der Wolle zu erhöhen, werden ihr häufig synthetische Fasern beigemischt. Weitere Bezeichnungen geben Auskunft über Verwendungszweck (Babywolle, Strumpfwolle) oder über Zwirnung und Struktur (Bouclé, Cablée, Chenille).

Hinweise auf der Banderole
Neben dem Markennamen sind einige Informationen auf der Banderole für den Käufer sehr nützlich. Nicht nur die Art der Wolle und die Zusammensetzung, sondern auch die Wollmenge in Gramm, die Lauflänge in Metern. Farbnummer- und -partie, Pflegehinweise und empfohlene Nadelstärken sind angegeben. Beim Kauf muß darauf geachtet werden, daß bei geringer *Lauflänge* wesentlich mehr Material benötigt wird. Die *Farbpartie* besagt, daß Wolle mit der gleichen Nummer im selben Farbbad gefärbt wurde. Nur Farben mit der gleichen Nummer sind absolut identisch. Also immer genug Wolle der gleichen Partie kaufen oder zurücklegen lassen. Bei der *Nadelstärke* stehen jeweils zwei Angaben. Im Lauf der Zeit entwickelt jeder

Stricker eine eigene »Handschrift«. Wer locker strickt, verwendet die feineren Nadeln, wer fest strickt, nimmt die stärkeren.
Auf manchen Banderolen ist als besonderer Service noch angegeben, wieviele Maschen und Reihen der Wolle eine Strickprobe von 10 x 10 cm ergeben. Dieser Hinweis kann aber immer nur als Vergleich und Anhaltspunkt dienen, (siehe »Strickprobe« auf Seite 12).

Stricknadeln und Hilfsmittel
Für jede Wolle, für jedes Werkstück gibt es die richtigen Nadeln. Stricknadeln sind in vielen verschiedenen Stärken und Längen erhältlich. Sie bestehen heute überwiegend aus

Stahl mit Kunststoffummantelung, Aluminium, Kunststoff und gelegentlich aus Holz oder Bambus. Wichtig ist, daß die Oberfläche glatt und gleitfähig ist. Lange Nadeln haben an einem Ende einen farbigen Knopf, auf dem der Durchmesser der Nadel in Millimeter (= Stärke) eingeprägt ist. Die einzelnen Stärken werden auch durch unterschiedliche Farben der Knöpfe gekennzeichnet.

Bei **Schnellstricknadeln (1)** ist der Schaft verjüngt. Die Maschen gleiten leichter. Da die Maschen hier dichter zusammengeschoben werden können, sind die beiden handelsüblichen Längen 30 und 35 cm auch für breitere Gestricke ausreichend.

Jackenstricknadeln (2) haben eine gleichbleibende Schaftstärke. Längen: 35, 40 cm. Stärken: 2–20 mm.

Ein **Nadelspiel (3)** besteht immer aus 5 Nadeln. Beim Rundstricken werden die Maschen auf 4 Nadeln verteilt, mit der 5. Nadel wird gestrickt. Längen: 15, 20, 30, 40 cm. Stärken: $1\frac{1}{4}$–8 mm.

Außerdem gibt es Spezialnadeln wie beispielsweise **Zopfmusternadeln (4)**, die gebogen sind, so daß ruhende Maschen nicht so leicht abrutschen können, und **flexible Nadeln mit Perlonschaft (5)** für großflächige Strickereien. Das Gewicht des Gestrickten liegt dabei auf dem Schoß.

Rundstricknadeln (6), mit denen sowohl in Runden wie auch in Reihen gestrickt werden kann.

An Hilfsmittel wäre noch der **Strickfingerhut (7)** zur Fadenführung beim Buntstricken mit mehreren Farben sowie der **Maschenhalter (Maschenraffer) (8)** für stillzulegende Maschen zu erwähnen. Schließlich gibt es noch einen **Zählrahmen (9)** für die Maschenprobe, mit dessen Hilfe man auch gleichzeitig die Stärke von Nadeln mit zwei Spitzen bestimmen kann.

Maßnehmen

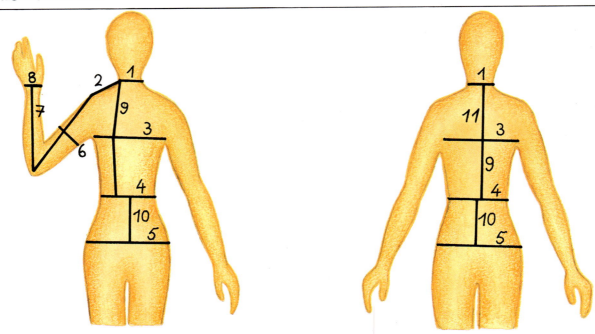

Das Maßnehmen soll in erster Linie ermöglichen, einen vorhandenen Schnitt mit den persönlichen Maßen zu vergleichen. Anhand der ermittelten Werte kann aber auch ein Grundschnitt selbst angefertigt werden.
Um das Maßband genau anlegen zu können, sollte man enganliegende Wäsche oder ein Trikot anziehen. Ausgangs- und Endpunkte werden darauf mit Stecknadeln gekennzeichnet. Das Maßband soll beim Messen anliegen, aber nicht einschnüren.
1 Halsweite: Das Maßband wird rund um den Hals gelegt. Es wird von Halsgrube zu Halsgrube gemessen.

2 Schulterbreite: Man mißt vom Halsansatz bis zur Oberarmkugel.
3 Oberweite: Das Maßband wird waagerecht um den Körper über die stärkste Stelle der Brust gelegt.
4 Taillenweite: Das Maßband wird locker um die Taille gelegt.
5 Hüftumfang: das Maßband um den Körper über die stärkste Stelle der Hüfte legen.
6 Oberarmumfang: das Maßband locker um den Oberarm legen.
7 Armlänge: Länge von der Oberarmkugel über den leicht gebeugten Ellenbogen bis zum Handgelenk messen.

8 Handgelenkweite: das Maßband locker um das Handgelenk legen.
9 Taillenlänge: am Rücken vom Halswirbel aus senkrecht nach unten bis zur Taille messen.
Vorne an der höchsten Stelle der Schulter anlegen und über die höchste Stelle der Brust bis zur Taille messen.
10 Hüftlänge: von der Taille bis zur stärksten Stelle der Hüfte messen.
11 Rückenhöhe: am Rücken vom Halswirbel aus senkrecht nach unten bis zur Armausschnitttiefe messen.

Herstellen eines Grundschnittes

Vorder- und Rückenteil
Zunächst wird ein Rechteck gezeichnet, in das dann alle weiteren Maße eingetragen werden. Gezeichnet wird vorerst nur je ein halbes Vorder- und Rückenteil.
A–A1 = ½ Oberweite,
A–T = Taillenlänge,
T–H = Hüftlänge (wer das Teil nicht so lang haben möchte, zeichnet dieses Stück entsprechend kürzer).
Diese Linien zu einem Rechteck schließen und das Rechteck der Länge nach halbieren. Punkt B markieren. Für den Schulterpunkt 1–2,5 cm (je nach Schulterschräge) von B aus nach unten messen (= Punkt B1), eine Parallele zu A–A1 ziehen. B1–C = Armausschnittiefe (wenn nicht zu knapp gemessen wird, sind das bei Damen 19–22 cm).
Halsausschnitt:
A–D/A1–D1 = je ¼ der Halsweite,
A–E = je nach gewünschter Ausschnittiefe. Bei einem Rollkragenausschnitt sind es 6–8 cm, für den runden und eckigen Ausschnitt 10–12 cm.
A1–E1 = 2–2,5 cm.
Von D/D1 aus die Schulterbreite anzeichnen. Wo das Lineal die Parallele durch Punkt B1 schneidet, Punkt S beziehungsweise S1 markieren. Von hier aus eine Linie im rechten Winkel nach unten ziehen (= F und F1). Das Maß von F–C beziehungsweise F1–C auf der Linie nach oben antragen (= G und G1).
Den Armausschnitt gemäß den Ansatzpunkten einzeichnen.
Als kleine Hilfe in Zweifelsfällen kann ein vorhandenes, gut passendes Strickstück nachgemessen werden.

Ärmelschnitt
Auch hier wird zunächst der halbe Ärmel in ein Rechteck eingezeichnet. Breite: ½ Oberarmweite, Höhe: gemessene Armlänge. Vom Schnittbruch (= gestrichelte Linie) ausgehend, unten die halbe Handgelenkweite anzeichnen. Um die Höhe der Armkugel festzustellen, direkt unter der Achsel ein Band um den Oberarm binden. Nun von diesem Band aus bis zur Armkugel (Schulternaht) messen; in den meisten Fällen werden das 15–16 cm sein. Dieses Maß auf dem Schnitt von Punkt a nach unten anzeichnen und im rechten Winkel eine Linie ziehen (Punkt d). Punkt d mit der angezeichneten halben Handgelenkweite verbinden. Von d nach innen das Maß F–C vom Oberteilschnitt übertragen (Punkt c), die restliche Strecke halbieren (Punkt b), c und b nach oben abwinkeln (b1). Als Hilfslinien für die Kurve eine Diagonale von d nach a und eine weitere Linie von c–b1 ziehen. Die Achselkurve vom Oberteilschnitt (G–C) von Punkt d aus nach innen übertragen; unter Berücksichtigung der Hilfslinien einen nicht zu steilen Bogen nach a zeichnen und waagerecht enden lassen. Bei einem glatt eingesetzten Ärmel muß das Maß S–G mit der Länge der Armkugel von c–a übereinstimmen.

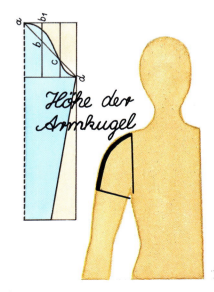
Höhe der Armkugel

Die Strickprobe

Selbst wenn in einer Strickvorlage Maschen- und Reihenzahl angegeben sind, ist die Strickprobe unerläßlich, da jeder etwas anders strickt und vielleicht auch das verwendete Material nicht das gleiche ist wie in der Vorlage. Auch ein Muster verändert unter Umständen die Maschenzahl.

Strickprobe bei Rechtsgestrick
Einen Musterfleck etwas größer als 10 cm stricken. Diesen auszählen und notieren, wieviele Maschen und wieviele Reihen für 10 cm benötigt werden. Alle waagerechten Maße des Schnittes auf die Maschenzahl, alle senkrechten Maße auf die Reihenzahl umrechnen. *Beispiel:* 10 cm = 20 Maschen. Pro Zentimeter = 2,0 Maschen. Erforderliche Breite (Schnittbreite) = 50 cm. 2,0 x 50 = 100. Es werden also 100 Maschen angeschlagen.
Die Reihenzahl wird ebenso errechnet. *Beispiel:* 10 cm = 33 Reihen. 1 cm = 3,3. Gewünschte Länge = 30 cm. 3,3 x 30 = 99 Reihen.
Hin und wieder muß auf- oder abgerundet werden. Das spielt aber weder bei der Maschen- noch bei der Reihenzahl eine große Rolle.

Strickprobe bei Mustern
Den Probefleck in dem Muster stricken, in dem das Strickstück gearbeitet werden soll. Die Maschenzahl kann bei den verschiedenen Mustern sehr unterschiedlich sein, je nachdem, ob ein luftiges, glattes oder sehr dichtes und kompaktes Muster gestrickt wird.

Tips
● Strickprobe beim Auszählen nicht dehnen. Sorgfältig zählen und rechnen, damit nicht mühsam Gestricktes wieder aufgetrennt werden muß!
● Reihen lassen sich bei Rechtsgestrick am besten auf der Rückseite an den Rippen der linken Maschen auszählen.
● Für *Bündchen* aus rechten und linken Maschen (Seite 27) eine Nadelstärke feiner verwenden als für das übrige Gestrick. Das ergibt einen besonders festen und dauerhaft elastischen Abschluß.

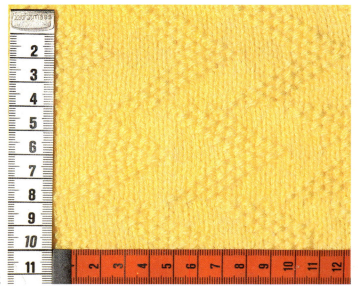

Die Symbolschrift

Eine Strickschrift, die nur aus Symbolen besteht, verschafft einen Überblick über das Strickmuster und zeigt, wann und wo zum Beispiel ab- oder zugenommen werden muß.

Symbole
(Arbeitsweise in Bild-Schrittfolge siehe Seite ...)

♀ Rechte Masche (Seite 16/17).

— Linke Masche (Seite 18/19).

⊗ Rechts verschränkte Masche (Seite 20).

⊗ Links verschränkte Masche (Seite 19).

△ Masche links abheben (Seite 16).

⊳ 2 Maschen oder 1 Umschlag und 1 Masche rechts zusammenstricken (Seite 37).

⊲ 2 Maschen überzogen zusammenstricken (Seite 37).

⋀ 2 Maschen links zusammenstricken.

⋘ 3 Maschen überzogen zusammenstricken.

♀ Aus dem Querfaden zwischen 2 Maschen 1 Masche rechts verschränkt herausstricken (Seite 36).

U Umschlag legen (Seite 21).

♀ Aus der Schlinge der darunterliegenden Masche 1 Masche herausstricken (Seite 32).

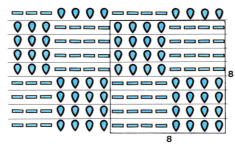

Diese Symbolschrift ergibt ein Würfelmuster aus rechten und linken Maschen. Der umrahmte Ausschnitt rechts zeigt einen kompletten Musterrapport, der sich seitlich und nach oben immer wiederholt. Die Zahlen geben die Maschenzahl (unten) und die Reihenzahl (rechts) an. Eine Symbolschrift zeigt die Maschen immer so, wie sie auf der Vorderseite des Gestricks erscheinen. In der Rückreihe muß also zum Beispiel eine rechte Masche der Vorderseite links gestrickt werden und umgekehrt.

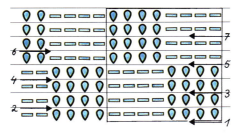

Rechtshänder lesen die Symbolschrift in der 1. Reihe von rechts nach links, also in der Strickrichtung; ebenso alle weiteren „ungeraden" Reihen (3., 5. usw.). Alle Rückreihen (2., 4., 6.) werden von links nach rechts gelesen.

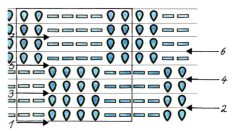

Linkshänder lesen die Symbolschrift in der 1. Reihe so, wie sie stricken: von links nach rechts. Dabei wird an der linken Seite des Musterrapports begonnen. Alle weiteren „ungeraden" Reihen (3., 5. usw.) werden ebenso gelesen. Die Rückreihen (2., 4., 6.) werden von rechts nach links gelesen. Im Stricken geübtere Linkshänder können später die Symbolschrift sicher auch von rechts nach links lesen und trotzdem dabei von links nach rechts arbeiten. Das Muster erscheint dann allerdings spiegelbildlich.

Wem das Lesen von Hin- und Rückreihen anfangs noch ein wenig schwerfällt, kann rechts neben die Symbolschrift einen Spiegel senkrecht aufstellen. Darin kann man nun, gleichlaufend mit der Strickrichtung, die Symbole ablesen. Und noch einfacher wird das Lesen, wenn man die Symbolschrift auf Transparentpapier durchpaust und das Blatt umdreht.

Kreuzanschlag für Rechtshänder

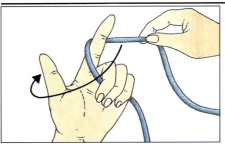

1 Knäuelfaden in 3- bis 4facher Länge der Schnittbreite hängen lassen, Schlinge um den Zeigefinger legen...

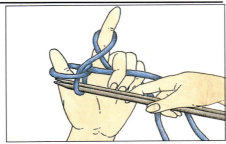

4 Faden vom Zeigefinger holen und durch die Schlinge am Daumen ziehen.

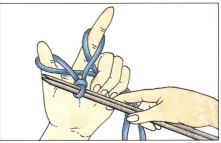

7 Daumen in die Ausgangsstellung bringen, Nadeln wieder in die Kreuzschlinge stechen usw.

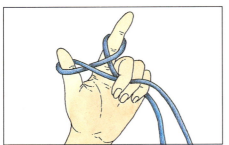

2 ...und in Pfeilrichtung einmal um den Daumen wickeln.

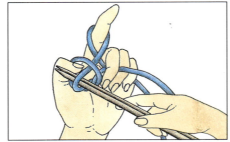

5 Den Daumen aus der Schlinge ziehen.

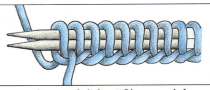

8 Maschen gleichmäßig anziehen. Eine Nadel herausnehmen. Der Anschlag läßt sich jetzt leicht abstricken.

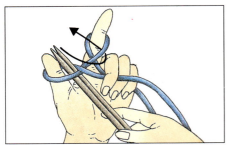

3 Mit 2 Nadeln in die Daumenschlinge einstechen, mit leichter Drehung in Pfeilrichtung führen.

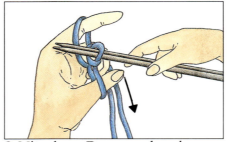

6 Mit dem Daumen den kurzen Faden aufnehmen, in Pfeilrichtung spreizen und die Masche so zuziehen.

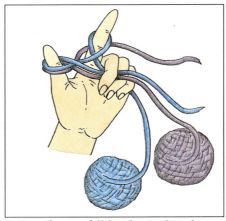

9 Der knotenbildende Faden kann für den Anschlag auch doppelt genommen werden. Der Rand wird dann etwas fester und stabiler.

Kreuzanschlag für Linkshänder

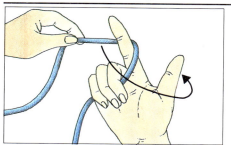

1 Knäuelfaden in 3- bis 4facher Länge der Schnittbreite hängen lassen, Schlinge um den Zeigefinger legen...

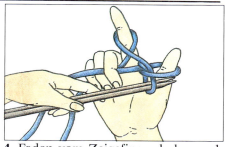

4 Faden vom Zeigefinger holen und durch die Schlinge am Daumen ziehen.

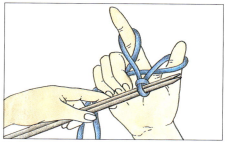

7 Daumen in die Ausgangsstellung bringen, Nadeln wieder in die Kreuzschlinge stechen usw.

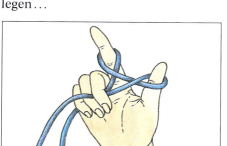

2 ...und in Pfeilrichtung einmal um den Daumen wickeln.

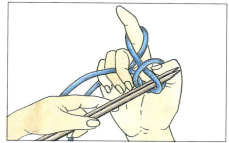

5 Den Daumen aus der Schlinge ziehen.

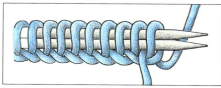

8 Maschen gleichmäßig anziehen. Eine Nadel herausnehmen. Der Anschlag läßt sich jetzt leicht abstricken.

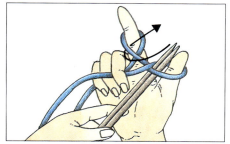

3 Mit 2 Nadeln in die Daumenschlinge einstechen, mit leichter Drehung in Pfeilrichtung führen.

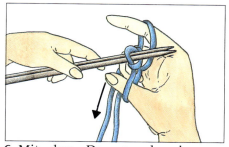

6 Mit dem Daumen den kurzen Faden aufnehmen, in Pfeilrichtung spreizen und die Masche so zuziehen.

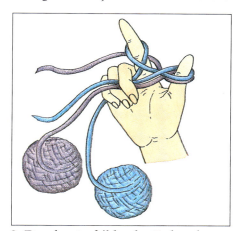

9 Der knotenbildende Faden kann für den Anschlag auch doppelt genommen werden. Der Rand wird dann etwas fester und stabiler.

Rechte Masche für Rechtshänder

1 Die 1. Masche links abheben, das heißt, mit der rechten Nadel parallel zur linken Nadel seitlich in die Masche stechen.

2 Vorne von links nach rechts in die 2. Masche einstechen. Nadel in Pfeilrichtung führen.

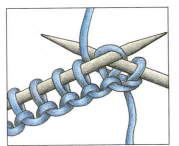

3 Faden um die Nadel legen…

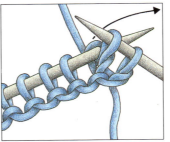 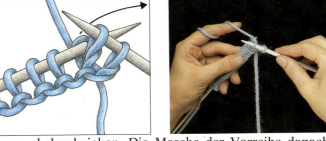

4 …und durchziehen. Die Masche der Vorreihe danach von der Nadel gleiten lassen (Pfeil).

5 Die neue rechte Masche liegt auf der rechten Nadel.

6 Die Maschen gleichmäßig stricken, indem die Arbeit nah an den Nadelspitzen erfolgt.

Rechte Masche für Linkshänder

 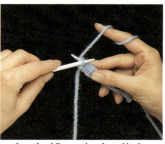 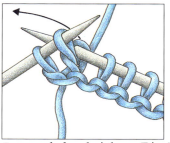 

1 Die 1. Masche links abheben, das heißt, mit der linken Nadel parallel zur rechten Nadel seitlich in die Masche stechen.

4 …und durchziehen. Die Masche der Vorreihe danach von der Nadel gleiten lassen (Pfeil).

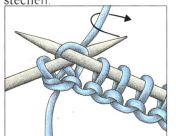  

2 Vorne von rechts nach links in die 2. Masche einstechen. Dann die Nadel in Pfeilrichtung führen.

5 Die neue rechte Masche liegt auf der linken Nadel.

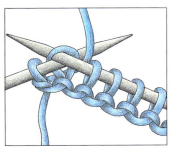 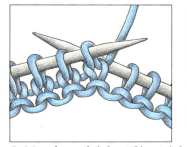 

3 Faden um die Nadel legen…

6 Maschen gleichmäßig stricken, indem die Arbeit nah an den Nadelspitzen erfolgt.

Linke Masche für Rechtshänder

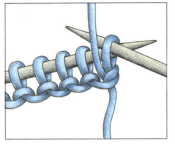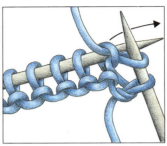

1 Die 1. Masche links abheben und den Faden vor die rechte Nadel legen.

4 …und durchziehen. Die Masche der Vorreihe von der Nadel gleiten lassen (Pfeil).

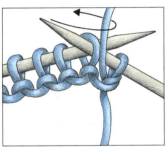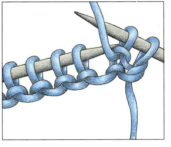

2 In die 2. Masche nach links einstechen. Danach die Nadel in Pfeilrichtung führen.

5 Die neue linke Masche liegt auf der rechten Nadel.

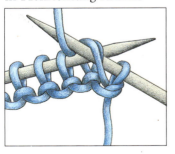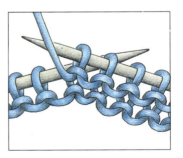

3 Faden um die Nadel legen…

6. Gleichmäßig stricken, indem dicht an den Nadelspitzen gearbeitet wird. Linke Maschen fallen am Anfang oft größer aus, deshalb eventuell eine dünnere Nadel verwenden.

Linke Masche für Linkshänder

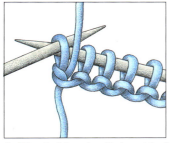 

1 Die 1. Masche links abheben, Faden vor die linke Nadel legen.

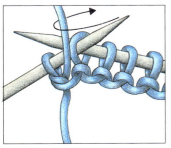 

2 In die 2. Masche links einstechen. Danach die Nadel in Pfeilrichtung führen.

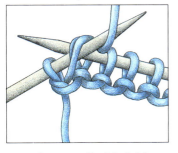 

3 Faden um die Nadel legen…

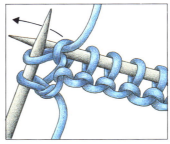 

4 …und durchziehen. Masche der Vorreihe von der rechten Nadel gleiten lassen (Pfeil).

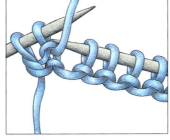 

5 Die neue linke Masche liegt auf der linken Nadel.

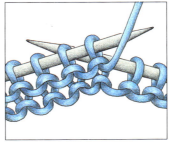 

6 Gleichmäßig stricken, indem dicht an den Nadelspitzen gearbeitet wird. Linke Maschen fallen am Anfang oft größer aus, deshalb eventuell eine dünnere Nadel verwenden.

Rechts verschränkte Masche
für Rechtshänder
für Linkshänder

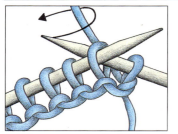  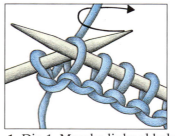 

1 Die 1. Masche links abheben. Nun mit der rechten Nadel nach hinten in die nächste Masche einstechen. Dann die Nadel in Pfeilrichtung führen.

1 Die 1. Masche links abheben. Mit der linken Nadel nach hinten in die nächste Masche einstechen. Dann die Nadel in Pfeilrichtung führen.

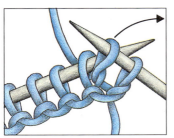  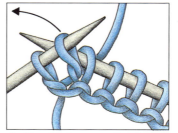 

2 Den Faden um die Nadel legen und durchziehen. Danach die Masche der Vorreihe von der linken Nadel gleiten lassen (Pfeil).

2 Den Faden um die Nadel legen und durchziehen. Danach die Masche der Vorreihe von der rechten Nadel gleiten lassen (Pfeil).

3 Die verschränkt abgestrickten Maschen liegen auf der rechten Nadel. Das Maschenbild unterscheidet sich von der normalen rechten Masche.

3 Die verschränkt gestrickten Maschen liegen auf der linken Nadel. Das Maschenbild unterscheidet sich von der normalen rechten Masche.

Links verschränkte Masche
für Rechtshänder   für Linkshänder

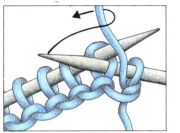  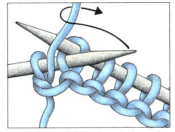 

1 Die 1. Masche abheben. Der Faden liegt vor der rechten Nadel. Mit der rechten Nadel von hinten nach vorne in die nächste Masche einstechen.

1 Die 1. Masche links abheben. Der Faden liegt vor der linken Nadel. Mit der linken Nadel von hinten nach vorne in die nächste Masche einstechen.

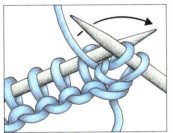  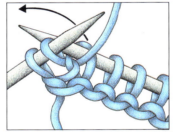 

2 Den Faden um die Nadel legen und durchziehen. Danach die Masche der Vorreihe von der linken Nadel gleiten lassen (Pfeil).

2 Den Faden um die Nadel legen und durchziehen. Danach die Masche der Vorreihe von der rechten Nadel gleiten lassen (Pfeil).

 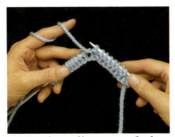  

3 Die verschränkt gestrickten Maschen liegen auf der rechten Nadel. Wird die Rückreihe mit normalen linken Maschen gestrickt, heben sich die Verschränkungen auf.

3 Die verschränkt abgestrickten Maschen liegen auf der linken Nadel. Wird die Rückreihe mit normalen linken Maschen gestrickt, heben sich die Verschränkungen auf.

Randmaschen
für Rechtshänder
für Linkshänder

Kettenrand

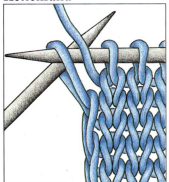

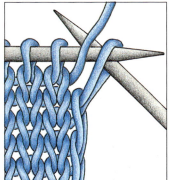

Kettenrand

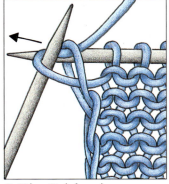

1 Bei glattem Muster: vor der letzten Masche den Faden vor die rechte Nadel legen und die Masche abheben.

2 Die Strickerei wenden und die abgehobene Masche rechts verschränkt abstricken.

1 Bei glattem Muster: vor der letzten Masche den Faden vor die linke Nadel legen und die Masche abheben.

2 Die Strickerei wenden und die abgehobene Masche rechts verschränkt stricken.

Knötchenrand

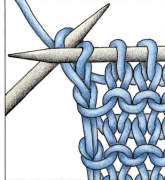

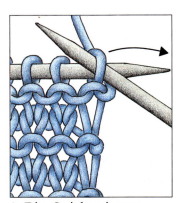

Knötchenrand

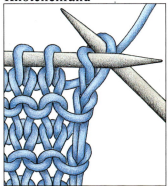

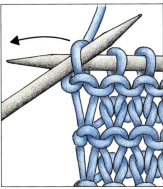

1 Bei krausem Muster: die letzte Masche rechts verschränkt abstricken.

2 Die Strickerei wenden. Den Faden nach hinten legen, die Randmasche anziehen und abheben.

1 Bei krausem Muster: die letzte Masche rechts verschränkt abstricken.

2 Die Strickerei wenden. Den Faden nach hinten legen, die Randmasche anziehen und abheben.

Abketten
für Rechtshänder   für Linkshänder

1 Je 2 Maschen rechts verschränkt zusammenstricken.

2 Die neue Masche auf die linke Nadel geben und mit der nächsten ebenso zusammenstricken.

1 Je 2 Maschen rechts verschränkt zusammenstricken.

2 Die neue Masche auf die rechte Nadel geben und mit der nächsten ebenso zusammenstricken.

1 Am Anfang 2 Maschen rechts stricken, dann die 1. Masche über die 2. ziehen.

2 Wieder 1 Masche stricken, die vorherige überziehen.

1 Am Anfang 2 Maschen rechts stricken, dann die 1. Masche über die 2. ziehen.

2 Wieder 1 Masche stricken, die vorherige überziehen.

1 Mit einer Häkelnadel seitwärts durch 2 Maschen stechen, den Faden holen und durchziehen.

2 Diese Masche auf die Stricknadel geben und mit der nächsten zusammenhäkeln.

1 Mit einer Häkelnadel seitwärts durch 2 Maschen stechen, den Faden holen und durchziehen.

2 Diese Masche auf die Stricknadel geben und mit der nächsten zusammenhäkeln.

Aufheben von gefallenen Maschen

für Rechtshänder

Im Rechtsgrund

1 Die Masche und den darüberliegenden Querfaden mit einer nicht zu dicken Häkelnadel auffassen.

2 Den Querfaden durch die Masche ziehen und nacheinander alle Querfäden aufhäkeln.

Im Krausgrund

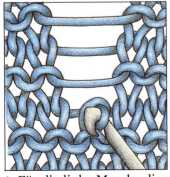 

1 Für die linke Masche die Nadel von hinten einstechen und den davorliegenden Querfaden nach hinten durchziehen.

2 Für die nächste rechte Masche von vorne einstechen, den darüberliegenden Querfaden auffassen und durchziehen.

für Linkshänder

Im Rechtsgrund

1 Die Masche und den darüberliegenden Querfaden mit einer nicht zu dicken Häkelnadel auffassen.

2 Den Querfaden durch die Masche ziehen und nacheinander alle Querfäden aufhäkeln.

Im Krausgrund

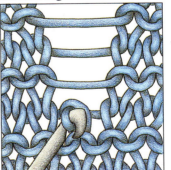 

1 Für die linke Masche die Nadel von hinten einstechen und den davorliegenden Querfaden nach hinten durchziehen.

2 Für die nächste rechte Masche von vorne einstechen, den darüberliegenden Querfaden auffassen und durchziehen.

Nahtverbindungen

Erst saubere Nahtverbindungen machen aus Einzelteilen ein schickes Strickmodell. Vor allem muß darauf geachtet werden, daß die zu verbindenden Teile genau aufeinanderpassen. Dazu werden die Teile entweder zuerst zusammengesteckt oder -geheftet, und zwar rechts auf rechts, damit die Naht nachher auf der Innenseite des Gestrickes liegt oder man legt sie plan, so daß sie aneinander stoßen. Als Garn wird der Strickfaden verwendet.

1 Beim Knötchenrand abwechselnd in ein Knötchen vom rechten und linken Rand einstechen.

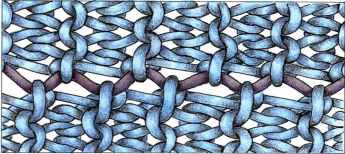

2 So sieht die Vorderseite dieser Naht aus.

1 Die Randmaschen beider Teile mit der Stopfnadel auffassen und mit Überwendlingsstichen zusammennähen.

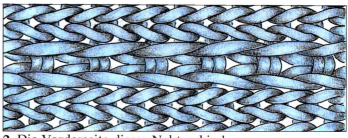

2 Die Vorderseite dieser Nahtverbindung.

1 Vorderseiten aneinanderlegen. Die 2 Querfäden der 2. Masche fassen.

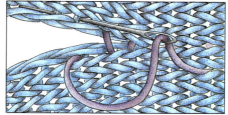

2 Die Querfäden auf der anderen Seite auffassen und durchziehen.

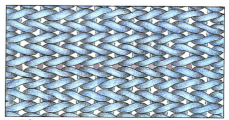

3 Diese Maschenstichnaht ist fast unsichtbar.

Rechte und linke Maschen im Wechsel

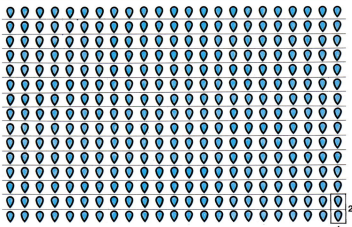

Gestrickt wird jeweils eine Reihe rechte und in der Rückreihe linke Maschen (Seite 16–19). Das Glatt-Rechts-Gestrick zeigt eine einheitliche Fläche. Die Maschen ergeben auf der Vorderseite den Rechtsgrund, auf der Rückseite zugleich den Linksgrund. Diese Strickweise ist die Grundlage vieler Strickwaren, vor allem bei Motiv- und Jaquardstrickerei.

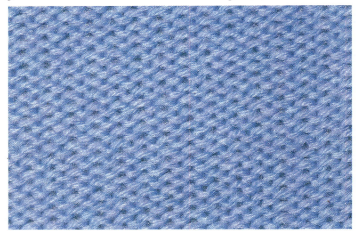

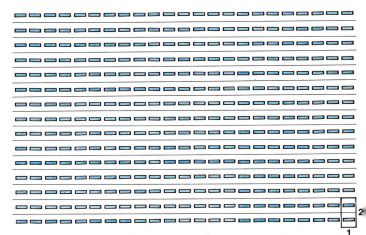

Gestrickt wird jeweils eine Reihe linke und in der Rückreihe rechte Maschen. Das Maschenbild zeigt die »Kehrseite« des Glatt-Rechts-Gestricks. Diese »linke« Seite sieht sehr interessant aus. Leider fallen aber auch unregelmäßig gestrickte Reihen mehr auf als bei anderen Mustern.

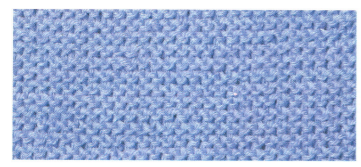

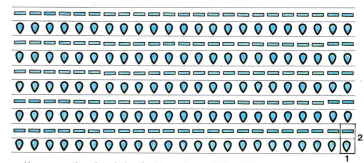

Das »kraus« gestrickte Muster ergibt sich, wenn sowohl in der Hin- wie auch in der Rückreihe nur linke Maschen (oder nur rechte Maschen) gestrickt werden. Das Gestrick sieht auf beiden Seiten gleich aus, rechte und linke Maschenreihen wechseln sich ab. Das Gestrick wirkt voluminös und zieht sich in der Länge etwas zusammen. Der Wollverbrauch ist daher relativ hoch.

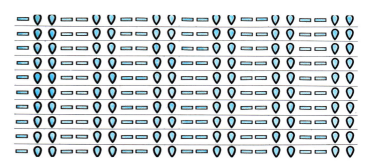

Das klassische »1 Rechts, 1 Links«. Das Gestrick zieht sich stark zusammen und wird vor allem für elastische Bündchen, Kragen und Ausschnittblenden verwendet.

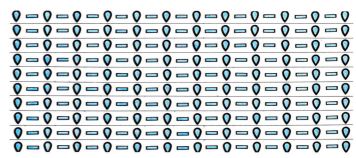

Auch »2 rechts, 2 links« - Gestricktes zieht sich stark zusammen und findet in erster Linie Anwendung bei Bündchen und verschiedenen Kragenformen.

Streifenmuster

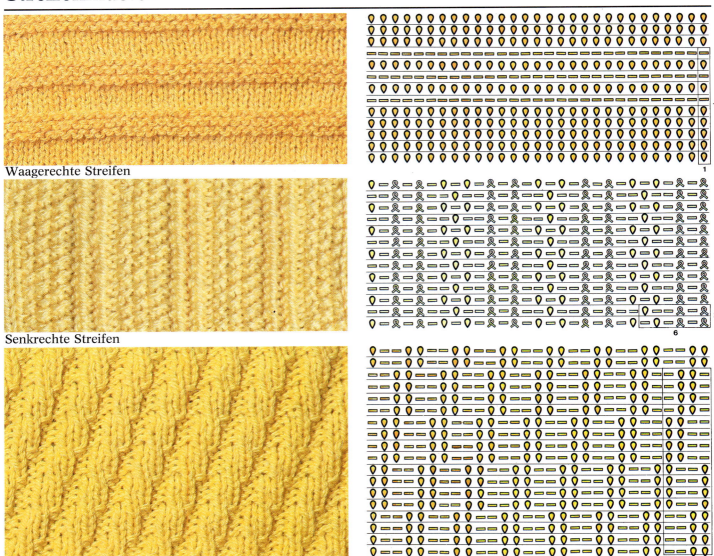

Waagerechte Streifen

Senkrechte Streifen

28 Diagonale Streifen

Strickmuster, die auf beiden Seiten gleich aussehen

Perlmuster

Großes Perlmuster

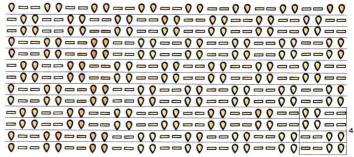

Würfelmuster

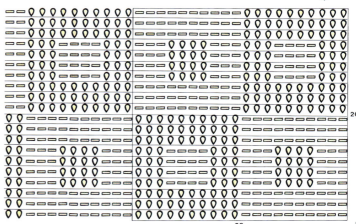

Flächenmuster

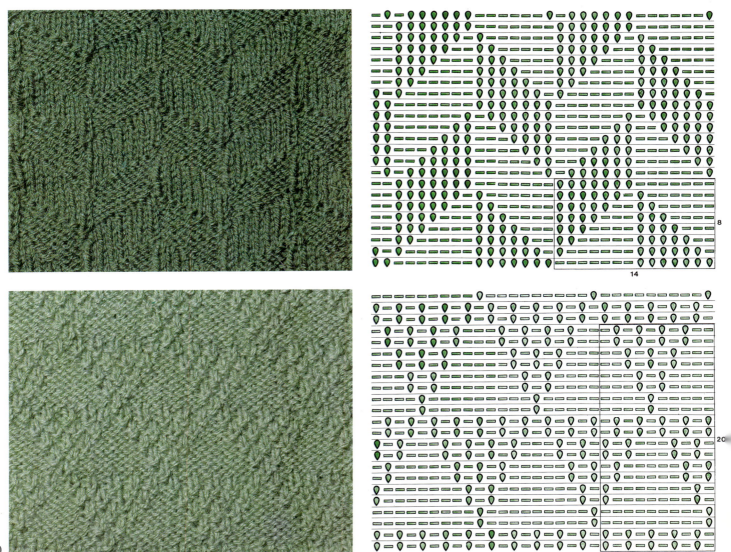

Durchbruchmuster

Durchbrochene Muster (Loch- oder Ajourmuster) entstehen durch wechselweise Anordnung von Umschlägen und Maschen. Da abgestrickte Umschläge zusätzliche Maschen ergeben, müssen diese wieder abgenommen werden, damit die Gesamtmaschenzahl gleich bleibt.

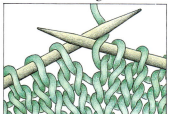

1 Den Faden mit der Nadel von hinten nach vorne erfassen. Diese halbe Schlinge ist ein Umschlag.

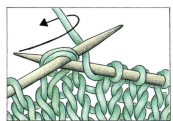

2 In die nächsten 2 Maschen gleichzeitig rechts einstechen, den Faden holen und diese Maschen zusammen abstricken.

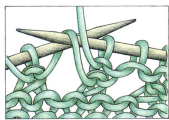

3 Den Umschlag auf der Rückseite links abstricken.

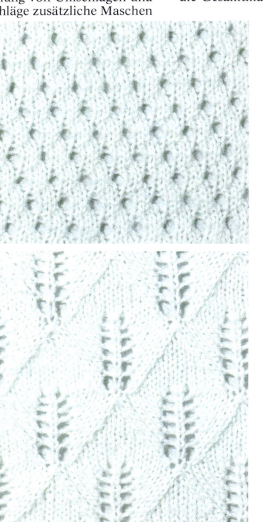

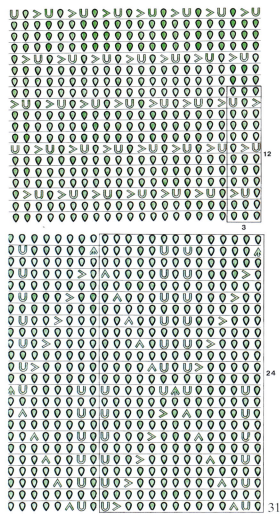

Modelle aus Musterflecken

Ideal zum Üben: kleine Quadrate, gestrickt in den verschiedensten Mustern. Damit diese Übungsflecken nun nicht nutzlos herumliegen, kann man sie zu einer Patchwork-Decke zusammennähen. Wem das zu umfangreich ist: Auch eine Weste oder ein Pullover kann aus diesen Stücken zusammengesetzt werden. Strickproben können ebenfalls gesammelt und weiterverarbeitet werden. Hierzu müssen alle Musterflecken aber die gleichen Randmaschen haben.

Decke
Material: für eine Größe von 125 x 175 cm etwa 1500 Gramm Wollreste, Stricknadeln Nr. 5 (dünnere Wolle kann doppelt genommen werden). Für unsere Musterdecke wurden die Quadrate 25 x 25 cm groß und einheitlich gestreift gestrickt (siehe »Buntstricken«, Seite 52). Beim Zusammensetzen werden die Streifen abwechselnd waagerecht und senkrecht genommen. Die Decke ist besonders schnell fertig, wenn nur kraus gestrickt wird. Die Quadrate werden zusammengenäht (Seite 25). Zuletzt kann man ringsherum abhäkeln oder nacheinander an alle vier Kanten einen Rand anstricken (siehe »Maschen herausstricken beim V-Ausschnitt«, Seite 44); dafür eignet sich beispielsweise das Perlmuster (Seite 29 oben).
Variation: jedes Quadrat in einer anderen Farbe und mit verschiedenen Mustern und Wollqualitäten stricken. Diese Farbflächen aneinandersetzen.

Weste

Da eine Weste nicht zu knapp sein soll, werden dem Oberweitemaß noch 6 cm zugegeben. (Zum Beispiel bei Gr. 42 = 96 cm + 6 cm = 102 cm, Vorder- und Rückenteil je 1/2 = 51 cm). Die Größe der Musterflecken hängt vom persönlichen Maß ab. Beim oben genannten Beispiel müßten sie das Maß 25,5 x 25,5 cm haben (1/2 Vorderteil = 25,5 cm). Es werden so viele Quadrate übereinandergesetzt, bis die gewünschte Länge erreicht ist. Beim letzten Quadrat wird für den Halsausschnitt in entsprechender Höhe 1/3 der Maschen abgekettet. Wer eine Nähmaschine hat, kann rundherum und auf die Nähte Lederstreifen setzen. An den Außenkanten legt man dünne Streifen Papier oder Vlieseline unter und näht sie mit, damit sich die Kanten nicht verziehen. Das Papier wird hinterher wieder entfernt. An der vorderen Kante Bändchen zum Schließen der Weste mit einnähen.

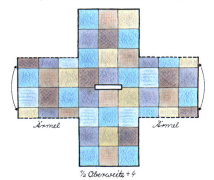

Variation: Quadrate so auf das persönliche Maß umrechnen, daß 3 Stück nebeneinander passen.
Teile zu einem lässigen Überpulli zusammensetzen.

Verwandlungspullover

Vorder- und Rückenteil
Nach der Strickprobe im gewählten Muster Maschen für den Bund des Vorder- beziehungsweise Rückenteils anschlagen, den Bund in gewünschter Länge im Rippenmuster 1 Masche rechts, 1 Masche links oder 2 Maschen rechts, 2 Maschen links stricken. Von da an mit der gleichen Maschenzahl im Muster bis zum Halsausschnitt stricken.

In der Mitte des Gestrickes 1/3 der Maschen abketten (auf gleiche Maschenzahl links und rechts für die Schultern achten!). Nun jede Seite mit einem gesonderten Knäuel Wolle weiterstricken. Dadurch können beide Seiten auf der Stricknadel bleiben und gleichmäßig hochgestrickt werden.

Bei Modell 1: die Schultern abketten, an die Schultern des Vorderteils 1 Reihe feste Maschen, dann 1 Reihe doppelte Stäbchen anhäkeln, das Vorder- und Rückenteil mit der rechten Seite nach innen aufeinanderlegen, die Teile an den Schultern mit 1 Reihe fester Maschen verbinden. Für die anderen Modelle kann die Kontrastfarbe auch mit ein paar Reihen kraus an die Schultern des Vorderteils gestrickt werden. Nach diesen Reihen die Schultern abketten.

Weiterarbeiten nach Vorschlag 1, 2 oder 3. Zuletzt den Halsausschnitt abhäkeln. Mit Picots, den »Mäusezähnchen«, sieht es besonders hübsch aus.

1. Möglichkeit: die Armausschnitte ebenfalls mit einer Kontrastfarbe abhäkeln oder einen Rand anstricken (Seite 45 – Maschen herausstricken). Aus der gleichen Wolle eine nicht zu dicke Kordel drehen (siehe Seite 58) und an den Schultern durch die gehäkelten Stäbchen ziehen (siehe Skizze). Etwas einreihen und zu Schleifen binden.

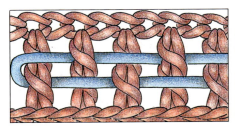

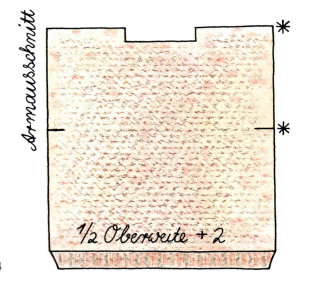

2. Möglichkeit: für dreiviertellange Ärmel Rechtecke wie im Schnittschema (dünne Linie) stricken. Bei Vorder- und Rückenteil die Schulternähte schließen. Die Ärmel offen an Vorder- und Rückenteil annähen. Teile mit der rechten Seite nach innen zusammenlegen und am Ärmel beginnend bis zum Bündchen zusammennähen (vorher stecken oder heften!). Die Ärmelkanten mit einer Kontrastfarbe abhäkeln.

3. Möglichkeit: nach dem Schnittschema lange Ärmel stricken. Da nicht für einen Armausschnitt abgenommen, sondern gerade nach oben gestrickt wurde, ist die Schulter »überschnitten«, das heißt, sie ist breiter als erforderlich. Diese Mehrlänge muß jetzt von der Ärmellänge abgezogen werden, damit der Ärmel nicht zu lang wird. Durch den geraden Schnitt ist jetzt am Handgelenk zuviel Weite für die Bündchen vorhanden.

Je nach Handgelenkweite werden entweder immer zwei Maschen zusammengestrickt oder, wenn das zuviel ist, wird 1 Masche gestrickt, die nächsten beiden zusammengestrickt, 1 Masche gestrickt usw. Das Ärmelbündchen wird im gleichen Rippenmuster wie der Taillenbund gestrickt. Weiterarbeiten wie bei Vorschlag 2.

Zunehmen

Hierfür gibt es verschiedene Möglichkeiten:

Hochziehen der Schlinge

1 Mit der Nadel die Schlinge der darunterliegenden Masche hochziehen, den Faden holen.

2 Die Schlinge und dann die Masche dem Muster entsprechend (rechts oder links) abstricken.

»Zwei aus eins«

1 Die Masche stricken, aber nicht von der Nadel gleiten lassen. Nochmals von hinten einstechen...

2 ...und eine 2. Masche rechts verschränkt herausstricken.

Aus dem Querfaden

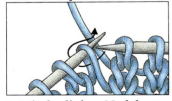

1 Mit der linken Nadel von vorne den Querfaden zwischen 2 Maschen auffassen,...

2 ...und rechts verschränkt abstricken. Die Zunahme ist fast nicht zu sehen.

Wenn ein Teil nach oben gleichmäßig breiter wird, so daß eine schräge Kante entsteht, muß regelmäßig zugenommen werden. Am rechten Rand geschieht das 1 Masche nach der Randmasche, am linken Rand 1 Masche vor der Randmasche. Aus der 2. beziehungsweise vorletzten Masche werden 2 Maschen, eine rechts und eine rechts verschränkt, herausgestrickt. Die Schräge der Kante bestimmt, wie oft zugenommen werden muß. Rechenbeispiel bei gleichmäßiger Zunahme: Auf 30 Reihen müssen 5 Maschen aufgenommen werden – 30:5 = 6. In jeder 6. Reihe wird 1 Masche aufgenommen.

Wenn man das Zunehmen um eine Masche nach innen rückt, erhält man nach der Kante eine nicht unterbrochene Maschenreihe.

Abnehmen

Auch hier gibt es verschiedene Möglichkeiten:

Rechts zusammenstricken

1 Wie zu einer rechten Masche einstechen, dabei aber 2 Maschen auffassen. Den Faden holen…

2 …und abstricken.

Links zusammenstricken

1 Den Faden vor die Nadel legen, wie zu einer linken Masche in 2 Maschen einstechen, den Faden holen…

2 …und abstricken.

Überziehen

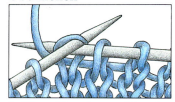

1 Eine Masche rechts abheben. Der Faden liegt hinter der Nadel. Die folgende Masche abstricken.

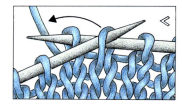

2 Mit der linken Nadel in die abgehobene Masche stechen und über die gestrickte Masche ziehen.

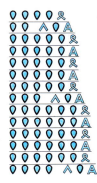

Wenn ein Teil nach oben gleichmäßig schmaler wird, muß regelmäßig abgenommen werden. Auf der rechten Seite werden die 2. und 3. Masche überzogen zusammengestrickt. Auf der linken Seite werden die 2 Maschen vor der Randmasche zusammengestrickt. Rechenbeispiel bei gleichmäßigem Abnehmen: In 30 Reihen sollen 6 Maschen abgenommen werden – 30 : 6 = 5. Wenn bei der Rechnung eine ungerade Zahl herauskommt wie hier, wird im Wechsel in jeder 4. und 6. Reihe abgenommen, da Zu- und Abnahmen am besten auf der Vorderseite des Gestricks erfolgen.

Wenn die Kante, an der abgenommen werden muß, besonders hervortritt (beispielsweise beim Raglanärmel), wird das Abnehmen weiter innerhalb der Strickerei vorgenommen. Es werden erst die 3. und 4. oder die 4. und 5. Masche zusammengestrickt. Eine solche Kante kann gleichzeitig als Schmuck verwendet werden.

Poncho

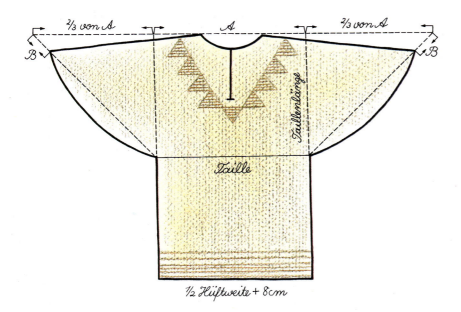

Schnitt
Die dicke Linie markiert den Schnittumriß, die gestrichelten Linien sind als Hilfslinien zur Schnitterstellung gedacht. Länge des Ponchos nach Wunsch. Für die Schulterschräge $1/4$ Halsausschnitt an der schrägen gestrichelten Linie von oben nach unten antragen (B). Den Punkt mit dem Halsausschnitt verbinden. Einen nicht zu starken Bogen von B zur Taille zeichnen, diesen an der Taille auslaufen lassen.

Stricken
Flexible oder Rundstricknadeln verwenden. Wolle für Nadelstärke 5–6. Verbrauch: für Größe 40/42 etwa 1200 g. Strickart: glatt rechts, kraus. Für das Muster im Oberteil siehe Symbolschrift unten. Die Ränder kraus stricken.
Etwa 4–5 Reihen über der Taille erstmals zunehmen. Wenn der krausgestrickte Rand auch an der Ärmelkante weiterlaufen soll, erfolgen Zunahmen nach beziehungsweise vor diesen krausgestrickten Maschen. Zugenommen wird aus den Querfäden (Seite 36). In den ersten Reihen müssen mehrere Maschen zugenommen werden, deshalb die Strickerei öfters zur Kontrolle auf den Schnitt legen.
Für den Schlitz in der Mitte 3 Maschen abketten. Beide Seiten bleiben auf der Nadel. Jede Seite mit einem eigenen Wollknäuel weiterstricken. Die letzte Masche links und rechts am Schlitz ist eine Randmasche. Für die Schulterschräge müssen immer mehrere Maschen gleichzeitig abgenommen werden, sie werden elastisch abgekettet. Am Halsausschnitt in der Mitte die erforderliche Maschenzahl (je $1/4$ Halsweite links und rechts vom Schlitz) auf einem Maschenhalter stillegen. In den folgenden Reihen am Ausschnitt noch 2- bis 3mal je 1 Masche abnehmen.

Rückenteil

Das Rückenteil ebenso stricken wie das Vorderteil, aber ohne Schlitz und Ausschnitt. Für die Schulterschräge bis zum Ausschnittrand abnehmen, die in der Mitte verbleibenden Maschen auf einen Maschenhalter geben oder mit einem durchgezogenen Faden sichern.

Die Teile mit der linken Seite nach oben aufstecken (mit dem Schnitt vergleichen und gerade Kanten abmessen) und dämpfen (siehe Seite 43). Die Schultern und Ärmelkanten aneinandernähen.

Halsausschnitt: die stillgelegten Maschen am Vorderteil auf eine Rundstricknadel nehmen und am Rand weitere Maschen herausstricken (Seite 45). Jetzt die stillgelegten Maschen des Rückenteils auf die Rundstricknadel nehmen. Einige Reihen kraus stricken, die Reihen enden jeweils links und rechts vom Schlitz. Wenn die gewünschte Höhe für den Stehkragen erreicht ist, die Maschen abketten. Den Schlitz und den Kragen rundherum mit Bändchengarn abhäkeln. Am Ausschnittschlitz und an den Seiten Bänder oder aus Bändchengarn locker gedrehte Kordeln anbringen (siehe Skizze unten) und zu Schleifen binden.

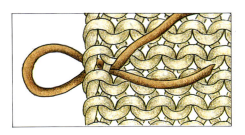

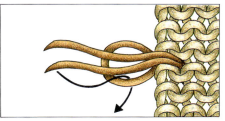

Variation: Jacke statt Poncho. Das Rückenteil stricken wie gehabt. Das Vorderteil der Länge nach halbieren und zwei Teile stricken. Der untere kraus gestrickte Rand sollte an den vorderen Kanten weiterlaufen.
Bänder zum Schließen an den vorderen Kanten anbringen.

Klassischer Pullover mit V-Ausschnitt

Im Gegensatz zu den vorangegangenen Modellen kommt hier etwas Neues dazu: der eingesetzte Ärmel mit Ärmelausschnitt im Vorder- und Rückenteil. Nach dem Erstellen des Schnittes und der Maschenprobe Maschen für das Bündchen des *Vorderteils* anschlagen (eine Nadelstärke feiner macht das Bündchen fester!).

Da heute Pullover kaum mehr »auf Taille«, sondern saloppper gearbeitet werden, kann nach dem Bündchen glatt rechts ohne Ab- oder Zunahmen gerade bis zum Ärmelausschnitt gestrickt werden. Als Randmasche ist der Kettenrand dem Knötchenrand vorzuziehen, da er beim Zusammennähen später weniger sichtbar wird.

Armausschnitt

Natürlich könnte man die Strickerei immer wieder auf den Schnitt legen und abschätzen, wieviele Maschen in der nächsten Reihe abgenommen werden müssen. Man kann aber auch von vornherein ausrechnen, wie abgenommen wird.

Auf einem weißen Papier einen Raster zeichnen, der genau der Maschengröße in Breite und Höhe entspricht.

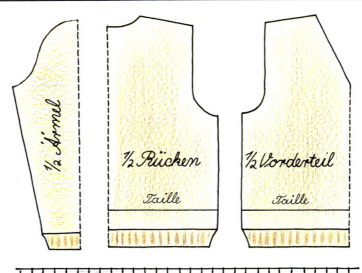

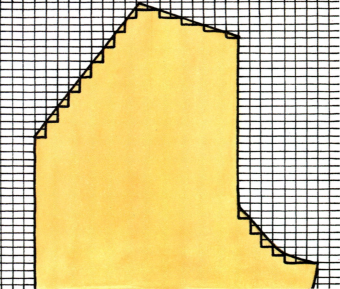

Diesen Raster unter die zu bestimmende Kurve legen und darauf achten, daß die Waagerechte des Rasters mit der Waagerechten des Schnittes übereinstimmt. Nun kann abgelesen und auf dem Schnitt eingezeichnet werden, in welcher Reihe wieviele Maschen abgenommen werden müssen. Je dicker die Wolle ist, desto ungenauer kann der Rundung gefolgt werden, da ja infolge der Maschenhöhe weniger Reihen gestrickt werden müssen. Durch sorgfältiges Dämpfen und eine geschickte Naht kann das wieder ausgeglichen werden. Je dünner die Wolle, desto genauer die Rundung.

In der ersten Reihe des Ausschnittes müssen mehrere Maschen abgenommen werden. Sie werden elastisch abgekettet. *Achtung:* Mehrere Maschen abzuketten ist nur am Anfang einer Reihe möglich. Das Abnehmen am linken und rechten Ausschnittrand kann sich also von Fall zu Fall um eine Reihe verschieben. Das fällt aber nicht weiter ins Gewicht. Ansonsten wird abgenommen durch Zusammenstricken der beiden ersten beziehungsweise letzten Maschen.

Halsausschnitt

Die Kurve des Ärmelausschnittes ist gestrickt, die Kanten verlaufen vorerst wieder gerade und erfordern im Moment keine besondere Aufmerksamkeit. Dafür wird nun in der Mitte des Vorderteils für den V-Ausschnitt die mittlere Masche von der Nadel genommen und mit einem Faden gesichert. Sie wird später wieder gebraucht, wenn die Ausschnittblende gestrickt wird. Für die Randmaschen des Ausschnitts rechts und links dieser Masche je 1 Masche rechts verschränkt herausstricken (Symbolschrift).

Die Schräge (Breite) des Ausschnitts bestimmt die Anzahl der Abnahmen.

Nachdem man bis zur Mitte gestrickt hat, nimmt man ein weiteres Wollknäuel und strickt damit die zweite Hälfte. Beide Seiten können so auf einer Nadel bleiben und Reihe für Reihe zusammen abgestrickt werden.

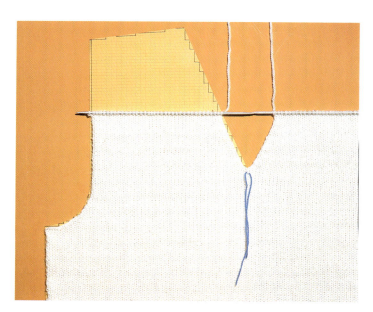

Schulter

Ebenso wie vorhin beim Ärmelausschnitt kann wieder mit einem Raster gearbeitet werden, auf dem sich leicht ablesen läßt, wieviele Maschen je nach Schulterschräge abgenommen werden müssen. Zur gleichen Zeit wird noch in der Mitte für den Ausschnitt abgenommen. Die letzten Maschen werden abgekettet, der Faden durch die letzte Masche gezogen und abgeschnitten. (Wenn er lang genug ist, kann er später gleich zum Zusammennähen verwendet werden.)

Rückenteil

Das Rückenteil wird bis auf den Ausschnitt ebenso gestrickt wie das Vorderteil. Beim Bündchen, der Partie bis zum Ärmelausschnitt und von diesem bis zur Schulter ungedingt auf gleiche Reihenzahl achten! Die Maschen für den rückwärtigen Halsausschnitt werden nicht abgekettet, sondern auf einem Maschenhalter stillgelegt. Für die seitliche Ausschnittkurve wird in den folgenden Reihen dem Schnitt entsprechend noch durch Zusammenstricken abgenommen.

Ärmel

Eine weitere Möglichkeit, die Abnahmen an einer Rundung zu bestimmen, ist: den Schnitt auf eine bereits gestrickte Fläche legen und mit Stecknadeln die größte Höhe und Breite markieren. Auszählen, wieviele Maschen breit und wieviele Reihen hoch die Kurve ist. Die Armkugel auf dem Schnitt waagerecht und senkrecht teilen und die ermittelten Werte auf diesen Linien antragen: die Maschenzahl auf der waagerechten, die Reihenzahl auf der senkrechten Linie. Nun kann ein Raster auf den Schnitt gezeichnet werden, für jede Reihe eine waagerechte und für jede Masche eine senkrechte Linie.

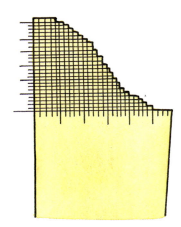

Anhand dieses Rasters kann nun leicht abgelesen werden, wie oft abgenommen werden muß. Natürlich sollte die Strickerei trotzdem hin und wieder zur Kontrolle auf den Schnitt gelegt werden.

Stricken

Maschen für das Bündchen anschlagen und möglichst genauso viele Reihen stricken wie für den Taillenbund. Bis zur Armkugel wird regelmäßig nach oben zugenommen (siehe Seite 36).

Zu Beginn der Armkugel müssen mehrere Maschen abgenommen werden. Sie werden jeweils am Anfang der nächsten 2 Reihen elastisch abgekettet. Dann für die Kurve dem Schnitt entsprechend abnehmen durch Zusammenstricken. Die letzten Maschen oben an der Kugel werden abgekettet. Den Faden durch die letzte Masche ziehen, genügend zum Vernähen hängenlassen und abschneiden.

Fertigstellung

Die Fäden vernähen. Von den am Rand heraushängenden Fäden wird der erste mit einer dicken Stopfnadel einige Zentimeter den Rand entlang nach oben vernäht. Den zweiten Faden den Rand entlang nach unten vernähen. Die Fadenenden abschneiden.

Falls in der Mitte des Gestricks mit einem neuen Faden begonnen wurde, die beiden Fadenenden nach links und rechts innerhalb der Reihe vernähen, indem man mit der Nadel auf- und absticht. Dabei nur die obere Schlinge der linken Maschen fassen.

Spannen und Dämpfen

Glatt gestrickte Teile (glatt rechts oder links) müssen gedämpft werden. Das Strickstück mit der rechten Seite nach unten auf ein Bügelbrett oder Bügeltuch stecken. Der Originalschnitt kann als Unterlage benutzt werden. So kann man genau sehen, wie gesteckt werden muß. Übrigens: Zu klein gestrickte Teile werden nicht größer und passender, wenn man sie mit Gewalt zieht und spannt. So »mißhandelte« Strickteile scheinen im ersten Moment die Form zu halten, ziehen sich aber nach einiger Zeit wieder zu ihrer ursprünglichen Größe zusammen. Gerade gestrickte Strecken werden mit dem Maßband nachgemessen. Es muß darauf geachtet werden, daß das Teil nicht gedehnt oder verzogen wird. Die Stecknadeln in gleichmäßigen Abständen in die Randmaschen stecken. Je mehr Stecknadeln verwendet werden, desto gleichmäßiger wird die Kante. Ein sauberes weißes Tuch anfeuchten und auf das Gestrick legen. Mit dem Bügeleisen nur ganz leicht andrücken, nicht pressen. Das Teil vor dem Abstecken auskühlen und trocknen lassen.

Nicht gedämpft werden Bündchen und Reliefmuster. Sollte es doch einmal nötig erscheinen, ein dickes Frotteetuch unterlegen und das feuchte Tuch auf der linken Seite kaum mit dem Eisen berühren. Schon durch den warmen Dampf allein wird das Gestrick glatt.

Vorsicht bei Synthetik- und Mischfasern! Auf der Banderole ist die empfohlene Bügeltemperatur angegeben, die nicht überschritten werden darf. Ebenfalls Vorsicht ist beim Dämpfen von flauschigen Fasern (Mohair, Angora) geboten. Falls hier überhaupt zum Bügeleisen gegriffen wird, das Tuch kaum berühren und keinesfalls pressen, damit die Fasern nicht plattgedrückt werden. Ansonsten nur unter einem feuchten Tuch trocknen lassen.

Zusammennähen

Grundsätzlich werden alle Nähte erst geheftet oder gesteckt. Als erstes die Schulternähte schließen. Anschließend die Ärmel einnähen. Hierzu rechts auf rechts die Ecken der Armausschnitte auf die Ecken der Armkugel stecken. Die Armkugelweite gleichmäßig auf den Armausschnitt verteilen. Die Mitte der Armkugel trifft auf die Schulternaht. Unter der Achsel dürfen keine Fältchen entstehen, der Ärmel soll hier glatt anliegen. Bei angekrauster Armkugel: nur das obere Drittel mit zwei durchgezogenen Reihfäden einkrausen und anheften. Ansonsten glatt einsetzen.

Den Ärmel mit der gewählten Nahtverbindung einnähen. Die Ärmelbündchen, die Achselnähte und den Taillenbund zusammenstecken und -heften. Die Nähte schließen und den Nähfaden dabei nicht zu fest anziehen, damit die Naht sich nicht verzieht.

V-Blende stricken

Die Blende kann mit einer Rundstricknadel oder einem Nadelspiel gestrickt werden. (Ein Tip: Korkstückchen, auf die abgestrickte Nadel gespießt, verhindern, daß die Maschen herunterfallen.) Eine Rundstricknadel darf nicht zu lang sein, da sie sonst die Maschen auseinanderspreizt und damit das Arbeiten erschwert. Die am Rückenteil stillgelegten Maschen werden jetzt auf die Stricknadel genommen.

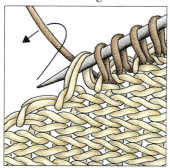

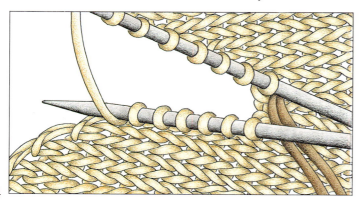

An der Ausschnittschräge werden die Maschen für die Blende herausgestrickt (siehe Zeichnung 1). Auf der anderen Seite die Maschen mit einer zweiten Nadel (oder der anderen Rundnadelspitze) herausstricken (siehe Zeichnung 2). Maschen möglichst dicht aufnehmen, damit die Blende locker wird.

Es wird innerhalb der Blende über der Mitte abgenommen. Die mit einem Faden gesicherte Masche in der Mitte auf die Nadel nehmen.

Möglichkeit 1:

Abgenommen wird nur rechts und links von der mittleren Masche. In jeder Hinreihe die 2 Maschen vor der Mitte rechts verschränkt, 2 Maschen nach der Mitte rechts zusammenstricken. In jeder Rückreihe 2 Maschen vor und nach der Mitte links zusammenstricken.

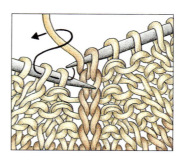

Möglichkeit 2:

In jeder Hinreihe 3 Maschen in der Mitte überzogen zusammenstricken (siehe Seite 23), in jeder Rückreihe 3 Maschen in der Mitte links zusammenstricken.

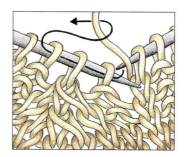

Die Blende für den klassischen V-Ausschnitt wird meistens elastisch im Muster 1 rechts – 1 links gestrickt. Als Abschluß werden dann die Maschen elastisch abgekettet.

V-Ausschnitt Variationen

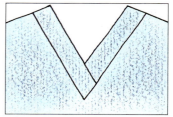

Die Blende läuft in der Spitze übereinander und wird in Reihen gestrickt. Von der Spitze aus werden die Streifen dem Ausschnitt entsprechend schräg gestrickt (abnehmen). Nach dem Abketten die untere Blende an den Ausschnitt und die obere an den Blendenrand nähen. Für diese Form werden an der Schräge mehr Maschen abgenommen.

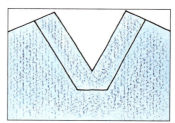

Bei diesem Ausschnitt werden die mittleren Maschen abgekettet, so daß keine Spitze entsteht. Die Blende wird gerade gestrickt, unten übereinandergelegt und an die abgeketteten Maschen genäht. Die schräge Kante bleibt offen.

Runder Ausschnitt

Für einen runden Ausschnitt werden die mittleren Maschen nicht abgekettet, sondern auf einen Maschenhalter übernommen oder mit einem Faden gesichert und stillgelegt. Für die Ausschnittseiten nach Schnitt abnehmen.

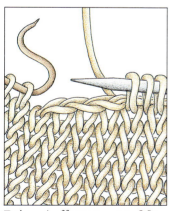

Beim Auffassen von Maschen für die Ausschnittblende die Maschen vor der Randmasche auffassen: 1 Masche aus jeder rechten Masche und 1 Masche aus jedem Quersteg zwischen den Maschen herausstricken.
Die stillgelegten mittleren Maschen werden auf eine Nadel genommen und abgestrickt. Dann auf der zweiten Seite die Maschen ebenso wie vorher herausstricken.

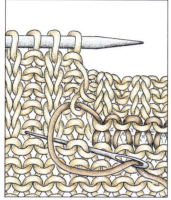

Besonders bei dünner Wolle sieht es gut aus, wenn die Blende nicht abgekettet, sondern in doppelter Breite gestrickt und umgeschlagen wird. Sie wird dann, wie die Zeichnung zeigt, über dem Ausschnittrand im Maschenstich (Seite 25) angenäht.

Eine **weitere Möglichkeit**, die Blende für den runden Ausschnitt zu arbeiten: die benötigte Maschenzahl für die Blende genau auszählen (stillgelegte Maschen am Vorder- und Rückenteil + Maschen pro Zentimeter an den Seiten). Auf einer Rundstricknadel entsprechend viele Maschen anschlagen, die gewünschte Reihenzahl in Runden stricken, als Abschluß 2 Reihen mit einer anderen Farbe stricken. Das Gestrick ohne abzuketten von der Nadel nehmen. Mit dem Maschenstich an die rechte Seite des Ausschnittes nähen, dabei die Maschen der Fremdfarbe Stück für Stück auftrennen. Diese Blende sieht so sauber aus wie angestrickt und ist davon nicht zu unterscheiden.

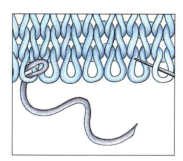

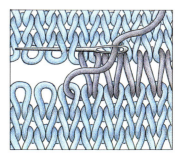

Für den **Rollkragen** wird der Ausschnitt bis an den Halsansatz gearbeitet. Der Kragen wird mit einem Spiel oder einer Rundstricknadel so hoch gestrickt, daß er sich 1- bis 2mal umschlagen läßt. Die Maschen abketten.

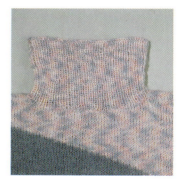

Ein Verschluß an einem Strickstück muß nicht immer nur zweckdienlich sein, wie beispielsweise an einer Jacke oder einem halsnahen Ausschnitt. Selbst an einem Rollkragen kann man Knöpfe nur wegen des modischen Effektes anbringen.

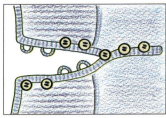

Bei diesem geknöpften Kragen beginnt der Verschluß bereits auf der Schulter. Hierzu an die Schultern des Vorder- und Rückteils als Über- und Untertritt zu-

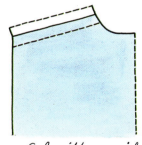

— Schnittumriß
---- für Unter- bzw. Übertritt

sätzliche Reihen mit festem Muster (kraus, Perl-,) anstricken, beim Ärmeleinnähen die vordere Schulter in der Länge der zusätzlichen Reihen über die rückwärtige legen.

Ösenverschluß

Die einfachste Methode hierzu sind nachträglich angehäkelte Ösen. Verschlüsse werden immer mit Über- und Untertritt gearbeitet, damit der Rand fester wird und sauber aussieht. Zu Beginn des Verschlusses werden auf der Seite, an der die Ösen angehäkelt werden (Übertritt) 2 Maschen zusätzlich angeschlagen. Dieser Rand wird dann nach innen umgebogen. An die Seite, an die die Knöpfe genäht werden sollen (Untertritt), 2 Reihen feste Maschen häkeln.

1 In gleichmäßigen Abständen in die Kante einstechen. Die Größe der Ösen richtet sich nach der Knopfgröße. Entsprechend viele Luftmaschen häkeln, 3 feste Maschen in die Kante häkeln usw.

2 Die Wolle teilen und die Ösen mit festen Maschen umhäkeln.

Knöpfe annähen

Die Knöpfe hinter dem angehäkelten Untertritt annähen, dabei auf richtige Höhe und Entfernung zu den Ösen achten.

Jeder Stoff und natürlich auch jedes Gestrick hat eine gewisse Stärke. Jeder Knopf wird der Stärke der Unterlage entsprechend mit einem »Steg« angenäht, damit er nicht knapp aufliegt, sondern noch genügend Bewegungsfreiheit zum Knöpfen läßt. Der Knopf steht beim Annähen etwas von der Unterlage ab (kleine Hilfe: Streichhölzchen unter den Knopf legen). Der Faden wird vor dem Vernähen einige Male um den Steg gewickelt. Es trägt zur Festigkeit bei, wenn auf der Rückseite ein etwas kleinerer, möglichst flacher Knopf mitgenäht wird.

Ärmelformen

Die bisher abgebildeten Schnitte zeigten den normalen, eingesetzten Ärmel, den gerade (als Rechteck) gestrickten und, beim Kinderpullover auf Seite 50, den an der Kugel geraden Ärmel, der etwas ins Vorder- und Rückenteil hineingeht. Wenn man den Grundschnitt aufzeichnet oder aufklebt, können weitere Variationen angezeichnet werden.

Beim **Keulenärmel** wird nur der Oberarm erweitert. Man beginnt mit der Zunahme etwa am Ellenbogen, der Unterarm wird anliegend gestrickt. Die Weite der Armkugel an der Schulter verteilen.

Für den **Fledermausärmel** wird vom Bund an bis zum Ärmelbündchen gleichmäßig zugenommen (bei waagerecht gestrecktem Arm).
Fledermausärmel und Kimonoärmel (unten) können sowohl waagerecht vom Bund angefangen bis zur Schulter als auch senkrecht, von Armbündchen zu Armbündchen, gestrickt werden.

Bei **Kimonoärmeln** wird in einer leichten Kurve zugenommen.

Damit der **Flügelärmel** die nötige Weite erhält, wird der Armausschnitt entsprechend vertieft. Vom Armausschnitt bis zur gewünschten Ärmellänge wird in einer gleichmäßigen Rundung zugenommen. Bei stärkerer Wolle (siehe Seite 38 = Poncho) sollte die Schulter für einen besseren Fall etwas abgeschrägt werden.

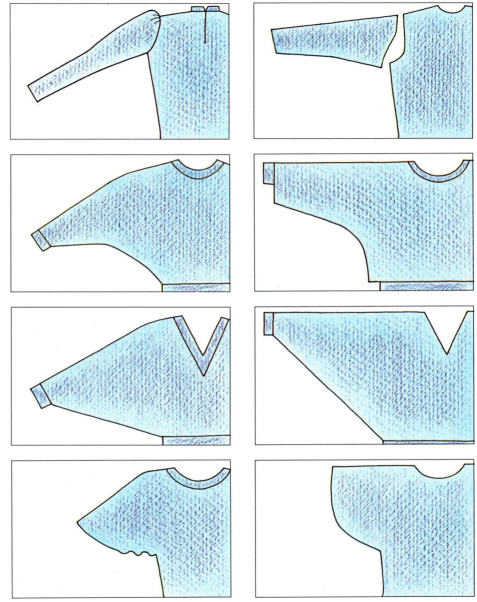

Buntsticken

Mit dem Maschenstich lassen sich Motive aufsticken, die fast wie eingestrickt aussehen. Es muß nur darauf geachtet werden, daß die Wollstärke von gestricktem Grund und Stickfaden in etwa die gleiche ist. Ist der Stickfaden zu dünn, deckt er die Grundmasche nicht ab. Ist er zu dick, wird die Stickerei unförmig.

Für die folgende Reihe senkrecht nach unten stechen, in der Mitte der darunterliegenden Masche wieder herauskommen.

Für die nächste Masche senkrecht nach unten stechen, in der Mitte der darunterliegenden Masche herauskommen.

Für den Maschenstich die Nadel von hinten durch die Mitte der rechten Masche stechen, 2 Maschen darüber die Masche waagerecht auffassen.

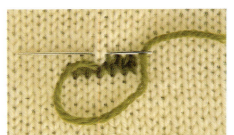

Für die nächste Reihe die Arbeit um 180 Grad drehen und weiter von rechts nach links sticken.

Bei diagonalen Maschenstichreihen die Nadel nach oben und unten schräg führen.

Zurückstechen in die Mitte der Masche, waagerecht in der Mitte der Masche daneben herauskommen.

Maschenbildung bei senkrechten Reihen: 1. Masche wie bei der waagerechten Reihe.

Den Faden nie zu stark spannen, damit das Gestrick nicht zusammengezogen wird.

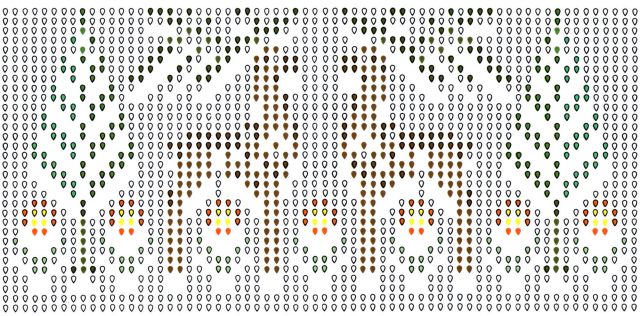

Kinderpullover buntbestickt

Die Pulloverteile nach dem Schnitt glatt rechts stricken. Die Teile dämpfen. Vor dem Zusammennähen das Motiv nach der Symbolschrift im Maschenstich aufsticken. Schleifen an der Drachenschnur: Wollfädchen bündeln, mit Nähgarn fest umwickeln, verknoten und mit Stickgarn aufnähen. Haare des Jungen: vor dem Sticken der Mütze der Kontur entsprechend kurze Schlaufen durch das Gestrick ziehen, nach jeder Schlaufe den Faden auf der Rückseite einmal durch die obere Schlinge einer linken Masche ziehen. Pudelmütze: einen winzigen Pompon (siehe Seite 59) anfertigen und aufnähen.

Motive selbst entwerfen

Einen Raster zeichnen, der der Maschengröße entspricht oder Millimeterpapier verwenden. Für jede bestickte Masche im Muster ein Kästchen des Rasters ausfüllen. Und wer selbst nicht so gut zeichnen kann, paust ein Motiv durch, zum Beispiel aus einem Bilder- oder Lesebuch für Kinder.
Ein Motiv für heiße Sommertage: eine aufgestickte Eistüte. Ein schlichter Pulli läßt sich schnell mit so einer netten Kleinigkeit verschönern.

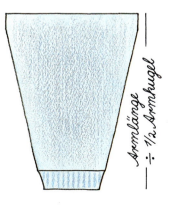
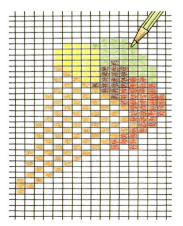

Buntstricken

Mehrfarbige Stricksachen zeigen viel Wirkung auch ohne komplizierte Formen oder Muster. Die Strickart ist fast immer glatt rechts oder links. Am einfachsten lassen sich bunte Streifen stricken.

Wenn die nächste Reihe in einer anderen Farbe gestrickt wird, bei der letzten Masche der alten Reihe den neuen Faden mit einstricken.

Nach dem Wenden der Arbeit mit der neuen Farbe weiterstricken.

Der Vorgang wiederholt sich, wenn mit der ersten oder einer weiteren Farbe gestrickt werden soll.

Vorderseite

Rückseite

Wechsel der Farben innerhalb einer Reihe

Den Faden, mit dem gestrickt werden soll, über den Faden der vorher gestrickten Farbe legen.

In der Rückreihe bei jedem Farbwechsel die Fäden kreuzen, so daß die folgende Farbe oben liegt.

Die lose mitgeführten Fäden nicht zu straff anziehen. Fäden in kurzen Abständen kreuzen.

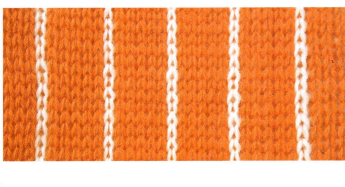 

Rundstricken

Zum Rundstricken kann sowohl eine Rundstricknadel als auch ein Nadelspiel (bestehend aus 5 Nadeln) verwendet werden. Hier wird nicht in Reihen, sondern in Runden gezählt. Um nicht durcheinanderzukommen, sollte man sich den Beginn der Runde mit einem andersfarbigen Faden kennzeichnen. Muß innerhalb einer Runde mehrmals ab- oder zugenommen werden, sollte man sich diese Stellen ebenfalls markieren. Bei einer solchen Skimütze ist das allerdings nicht nötig. Aus dicker Wolle ist sie in wenigen Stunden gestrickt: Maschenprobe erstellen, Kopfweite messen und das Maß auf die Maschenzahl umrechnen. Anschlag auf der Rundstricknadel oder alle Maschen mit Nadeln des Spiels anschlagen. Beim Abstricken gleichmäßig auf 4 Nadeln verteilen.

Die einfachste Möglichkeit ist es, in einem elastischen Rippenmuster bis zur gewünschten Höhe hochzustricken. Dabei nicht vergessen, daß der untere Rand noch 6–8 cm breit umgeschlagen wird. Im letzten Abschnitt in 1 Runde nach jeder 4. Masche 2 Maschen zusammenstricken. 3 Runden stricken. Dann jede 2. Masche zusammenstricken. Anstatt die Maschen oben abzuketten, werden die Maschen mit einem Faden zusammengezogen. Nach innen ziehen und gut vernähen.

Als Abschluß wird ein Pompon aufgenäht oder eine Kordel mit einer Quaste daran durch das Loch gesteckt und innen vernäht (siehe Seite 59).

Eine flotte Mütze für den Langlauf läßt sich im Glatt-Rechts-Gestrick mit etwas mehr Aufwand herstellen: Kopfweite messen, Maschenanschlag wie vorher.

Dünnere Wolle, etwa für Nadelstärke 2–2½, verwenden und **zwei** Mützen (eine als Futter) nach nebenstehender Skizze und Symbolschrift stricken.

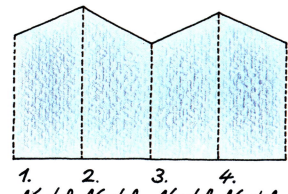

1. Nadel 2. Nadel 3. Nadel 4. Nadel

Auf die rechte Seite einer Mütze im Maschenstich ein Muster aufsticken (Symbolschrift unten). Die Schneeflocken aus Mohairwolle im Maschenstich auf jeweils eine Masche aufsticken. Die Mütze mit der linken Seite nach außen legen und die obere Kante schließen. Die zweite Mütze ebenfalls zusammennähen. Beide Mützen rechts auf rechts ineinanderstecken, Futtermütze außen. Den unteren Rand zusammennähen, etwa 6 cm zum Wenden offenlassen. Wenden, das offengelassene Stück unsichtbar zusammennähen, die Naht vorsichtig dämpfen. Am oberen Rand mit ein paar unsichtbaren Stichen in der Naht zusammenheften.

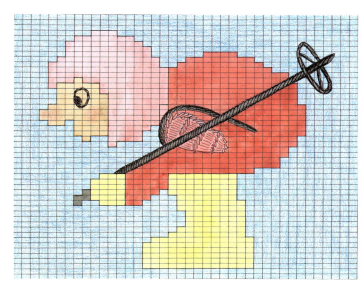

Zopfmuster

Durch das Kreuzen von Maschen werden Zopf- oder auch Wabenmuster gebildet. Damit das Muster möglichst deutlich herauskommt, wird der Zopf mit rechten Maschen in einen glatten Linksgrund eingestrickt. Beim Abstricken der Maschen von der Hilfsnadel muß darauf geachtet werden, daß die Maschen nicht verdreht, sondern in der richtigen Reihenfolge gestrickt werden.

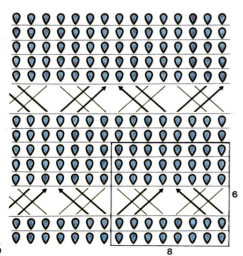

rechts gedrehter Zopf   links gedrehter Zopf

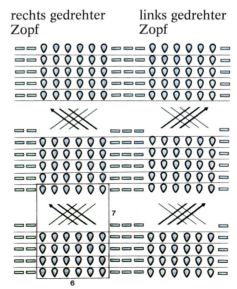

Rechts gedrehter 2facher Zopf
Für den zweifachen Zopf liegt eine durch 2 teilbare Maschenzahl auf der Nadel. Hier sind es 6 Maschen.

Die ersten 3 Maschen auf eine Hilfsnadel nehmen und nach **vorne** legen.

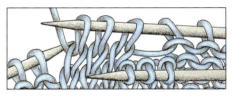

Danach 3 Maschen rechts stricken.

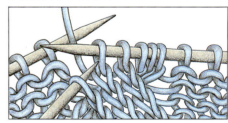

Die Hilfsnadel mit den ersten Maschen nach links (für Linkshänder nach rechts) ziehen und abstricken.

Links gedrehter 2facher Zopf
3 Maschen auf einer Hilfsnadel **hinter** die Arbeit legen, die nächsten 3 Maschen stricken, dann die Maschen der Hilfsnadel.

3facher Zopf
So wird der dreifache Zopf gestrickt:

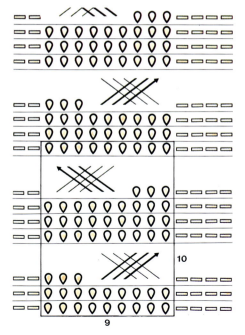

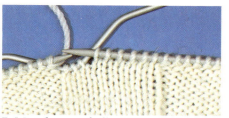 

3 Maschen auf die Hilfsnadel nehmen nach hinten legen und die folgenden 3 Maschen rechts abstricken.

Nun die 3 Maschen von der Hilfsnadel abstricken, danach die letzten 3 Maschen. 3 Reihen Rechtsgrund.

3 Maschen rechts stricken, die nächsten 3 Maschen auf die Hilfsnadel nehmen und nach vorne legen. Die folgenden 3 Maschen rechts stricken.

Anschließend die Maschen von der Hilfsnadel abstricken. 3 Reihen Rechtsgrund und wieder von vorne beginnen.

Stricktips

Zurücklösen von Maschen
Ein Fehler mitten in der Reihe? Oder sogar in der Reihe darunter? Deswegen muß nicht alles aufgetrennt werden.
Bei Rechtsgrund: von hinten in die Maschen der Vorreihe stechen, die oberen Maschen von der Nadel gleiten lassen. Den Faden um den Zeige-

finger wickeln und ständig nachziehen.
Bei Linksgrund: ebenfalls von hinten in die Maschen der Vorreihe stechen. Dadurch liegen die Maschen gleich in der richtigen Richtung zum Weiterstricken.
Möglichkeit 2, eine falsch gestrickte Masche auszubessern: Masche fallenlassen, mit der Häkelnadel richtig wieder aufhäkeln (siehe Seite 24).

Auffassen ausgelöster Maschen

Wenn ausgelöste oder stillgelegte Maschen wieder aufgenommen werden, muß ebenfalls von hinten eingestochen werden, damit die Maschen nicht verdreht auf die Nadel kommen. Vorsichtig sein, damit sich die nächste Masche nicht auflöst. Hat man ein Stück aufgetrennt und es kommt nicht auf eine Reihe an, kann man die folgende Reihe Masche für Masche auftrennen und dabei immer die eben ausgelöste Masche auf die Nadel nehmen.

Gleichmäßiges Stricken

Ungleichmäßig und zu locker gestrickte linke Maschen bilden unschöne sogenannte »Straßen«.
Um das zu vermeiden, können Reihen aus linken Maschen mit einer dünneren Nadel gestrickt werden.
Man strickt auch automatisch gleichmäßiger, wenn man dicht an den Nadelspitzen arbeitet.

Garn ansetzen
Mit einem neuen Knäuel sollte man möglichst am Anfang einer Reihe beginnen. Die Garnenden werden leicht miteinander verknüpft und später vernäht.
Wenn im Verlauf einer Reihe ein neuer Faden genommen wird, müssen beide Fadenenden halbiert und je eine Hälfte davon in der ursprünglichen Zwirnrichtung zusammengedreht werden. Damit einige Maschen stricken. Die anderen Fadenhälften bleiben auf der linken Seite hängen und werden später vernäht.

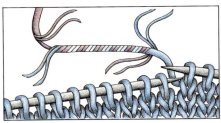

Bitte nicht einfach verknoten! Es ist weder auf Dauer haltbar noch sieht es sehr schön aus.

Arbeiten mit mehreren Wollknäueln
Wenn Sie mit mehreren Wollknäueln arbeiten, stecken Sie diese in eine Tüte mit kleinen Löchern. Die Garne durch die Löcher fädeln. So wird sich die Wolle während der Arbeit nicht mehr verwirren.

Pompons, Kordeln, Quasten

Pompon

Für einen Pompon schneiden Sie zwei gleichgroße Pappkreise, die in der Mitte ein Loch haben. Mit einer Stopfnadel die Wolle oder das Garn sehr dicht um beide Kreise wickeln, bis das Loch in der Mitte geschlossen ist. Mit einer Schere zwischen die beiden

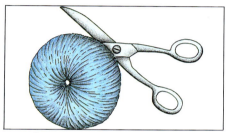

Pappkreise stechen und die Fäden rundherum aufschneiden. Einen Faden des betreffenden Garns zwischen die Pappscheiben führen und 1- bis 2mal fest zusammenbinden. Nun

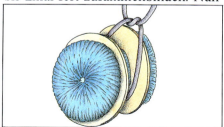

können die Pappscheiben zerschnitten und entfernt werden. Den Pompon ausschütteln und eventuell etwas in Form schneiden.

Gedrehte Kordel

Fäden in der fünffachen Länge der gewünschten Kordellänge schneiden. Die Anzahl der Fäden hängt von der Stärke des verwendeten Garns beziehungsweise der gewünschten Stärke der Kordel ab. Die Fäden zur Hälfte legen, verknoten und an einem festen Punkt (Tür- oder Fenstergriff) einhängen. Durch das andere Ende eine Stricknadel ziehen und in Richtung der Fadendrehung so lange drehen, bis die Schnur unter Spannung steht und sich kleine Schleifen zu bilden beginnen. Ganz festhalten und im gespannten Zustand zur Hälfte legen. Das gefaltete Ende mit einem Ruck loslassen und der Länge nach glätten. Die Ende rasch zusammenknoten.

Quaste

Einen Wollfaden über einen Streifen Karton in Quastenlänge wickeln. Den Wollfaden 3- bis 4mal durch die Kordel und die Fadenschlingen ziehen, fest verknoten.

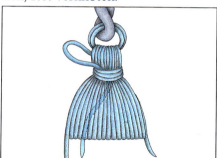

Eine Schlinge um das obere Ende der Quaste legen und fest anziehen. Die Quaste damit 3- bis 4mal umwickeln. Dann den Faden oberhalb der Wickelung durchziehen und durch die Wickelung nach unten. Quaste aufschneiden und die Fäden auf gleiche Länge stutzen.

Teil 2

HÄKELN

von Hella Klaus

Einleitung

Häkeln ist eine leicht zu erlernende Handarbeitstechnik. Da Häkelstiche bis heute noch nicht maschinell herstellbar sind, ist jede Häkelarbeit eine wirklich schöpferische Tätigkeit. Dieser Teil des Buches, gedacht als Lehrgang und Nachschlagewerk, stellt eine Hilfe für diejenigen dar, die sich mit dieser Technik beschäftigen wollen.

Garne und Werkzeuge

Das Material

Häkeln kann man mit nahezu allen Garnen, wie Wolle, Baumwolle, Chemiefasern, Jute, Bast usw. Jedes Garn wird in einer anderen Aufmachung angeboten, wie man auf nebenstehendem Foto erkennen kann. Die jeweilige Banderole erklärt nähere Einzelheiten.

Informationen der Banderole

Zunächst sieht man die Angaben über die *Materialzusammensetzung*, aus der sich die *Pflegehinweise* ergeben.

Das *Symbol für die Nadeln* mit nebenstehenden Zahlen ist eine Empfehlung. Je nach Häkelweise, fest oder locker, sollte man die stärkere oder dünnere Nadel wählen.

Die *Lauflänge* eines Garnes ist je nach Garnstärke verschieden. Ein dünneres Garn hat eine größere Meterzahl als ein stärkeres. Demnach ist manchmal ein teureres Garn mit großer Lauflänge billiger als eine preiswerte Wolle mit geringer Lauflänge, von der man mehr Knäuel braucht.

Die *Farbnummer* ist bei einer Farbe immer gleich. Falls es das Garn in geringen Farbabstufungen gibt, ist beim Kauf auf diese Nummer zu achten.

Die *Partienummer* gibt an, daß im gleichen Farbbad eingefärbt wurde. Bei Knäueln aus einem anderen Farbbad der gleichen Farbe können Abweichungen auftreten. Für eine größere Arbeit sollte man sich deshalb ausreichend Garn einer Partienummer besorgen oder zurücklegen lassen.

Es ist auf jeden Fall ratsam, die Banderole bis zur Fertigstellung eines Gegenstandes aufzubewahren oder sie beim Restgarn zu belassen.

Die Häkelnadeln

Häkelnadeln gibt es in verschiedenen Stärken und Ausführungen.
Sie sind entweder aus Stahl, Aluminium oder Kunststoff. Es gibt sie mit und ohne Griff. Die Handlichkeit muß jeweils ausprobiert werden. Die Oberfläche sollte aber in jedem Fall so beschaffen sein, daß sie isolierend gegen Handschweiß wirkt, keinen metallischen Kältereiz in der Hand verursacht, bei Licht nicht blendet und sich sowohl für Naturfasern als auch für Chemiefasern verwenden läßt.
Häkelnadeln in den Stärken von 0,60 bis 1,75 mm werden als Garnhäkelnadeln bezeichnet. Man verwendet sie für Spitzen, Gardinen und filigrane Deckchen. Wollhäkelnadeln gibt es in den Stärken von 2,0 bis 15,0 mm Durchmesser. Diese Nadeln sind alle ungefähr 15 cm lang.
Für die tunesische Häkelei braucht man eine längere Häkelnadel mit einem Abschlußknopf. Diese Technik wird oft Strickhäkelei genannt, da sich im Gegensatz zum sonstigen Häkeln alle Schlingen einer Reihe auf der Nadel befinden.
Die verschiedenen Häkelnadeln sind auf nebenstehendem Foto abgebildet: **1** Garnhäkelnadeln, **2** Wollhäkelnadeln, **3** tunesische Häkelnadeln.

Grundbegriffe des Häkelns

Fisch aus aufgeklebten Luftmaschenketten, gearbeitet von einem 8jährigen Jungen.

Häkelsymbole

- • = Luftmasche
- o = Wendeluftmasche
- ∩ = Kettenmasche
- | = feste Masche
- T = halbes Stäbchen
- † = einfaches Stäbchen
- ǂ = doppeltes Stäbchen
- ꞁ = Reliefstäbchen, vor der Arbeit liegend
- t = Reliefstäbchen, hinter der Arbeit liegend
- ǂ = Reliefdoppelstäbchen, vor der Arbeit liegend
- ŧ = Reliefdoppelstäbchen, hinter der Arbeit liegend
- ⋀ = 3 zusammen abgemaschte Stäbchen
- ⋁ = 3 Stäbchen in die gleiche Einstichstelle
- ⋀ = 2 zusammen abgemaschte doppelte Stäbchen
- ⊕ = 3 zusammen abgemaschte Stäbchen in die gleiche Einstichstelle
- ⋏ = Büschelmasche
- O = Fadenring
- ✕ = Kreuzstäbchen

Die farbigen Symbole bezeichnen immer den Mustersatz, der sich fortl. wiederholt (Rapport)

Die Handhaltung beim Häkeln

Für Rechtshänder

Der Arbeitsfaden, der vom Knäuel kommt, wird in der linken Hand (Linkshänder in der rechten Hand) über den kleinen Finger, unter Ring- und Mittelfinger und über den Zeigefinger gelegt. Mittelfinger und Daumen halten die Arbeit und fassen nach jeder ausgeführten Masche nach. Mit dem Zeigefinger kann jeweils die Fadenspannung reguliert werden, er zeigt nach oben und beeinflußt festes oder lockeres Häkeln.

Für Linkshänder

Die andere Hand hält mit dem Zeigefinger und Daumen (der Mittelfinger stützt ab) die Häkelnadel wie einen Bleistift und führt sie jeweils in die Maschen, um den Faden zu holen. Ist der Faden aufgefaßt, wird die Nadel gedreht, so daß der Nadelhaken nach unten zeigt.

Die Häkelprobe

Man fertigt mit dem ausgesuchten Material ein kleines Probestück in dem gewählten Muster an, etwa 10 cm breit und 10 cm hoch. Danach kann man nun anhand der Zentimeterangaben im Schnittmuster errechnen, wieviel Maschen und Reihen für die Arbeit gebraucht werden.
Beispiel: Vorderteil eines Pullunders = 40 cm, 10 Maschen der Häkelprobe = 5 cm. Es werden also 80 Luftmaschen + Wendeluftmaschen, je nach Muster, für das Vorderteil benötigt. Durch diese Methode ist man unabhängig von Material- und Maschenangaben der Vorlage. Eine Maschenprobe ist unerläßlich, da man sich unnötiges Ausprobieren und Aufziehen erspart. Maßgebend sind nur noch die Zentimeterangaben im Schnittmuster.

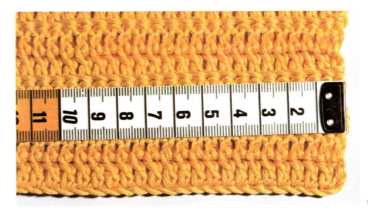

Die Anfangsschlinge

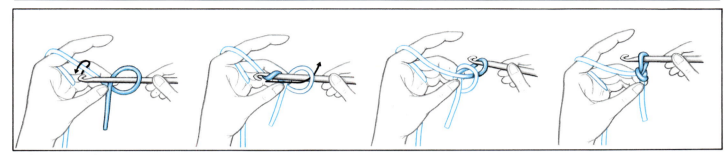

Arbeitsweise für Rechtshänder

Alle Häkelarbeiten entstehen aus dieser Anfangsschlinge. Zuerst den vom Knäuel kommenden Faden über den Zeigefinger legen, dann mit der anderen Hand den Fadenanfang nach vorne zur Schleife legen und mit Daumen und Mittelfinger der linken Hand (Linkshänder der rechten Hand) den Kreuzungspunkt festhalten. Mit der Häkelnadel nun von hinten in die Schleife stechen, den Faden in Pfeilrichtung auffassen, dabei die Nadel nach vorne drehen, so daß der Haken jetzt nach unten zeigt. Die Häkelnadel zurückziehen und so den Arbeitsfaden durch die Schleife holen. Die Schlinge festziehen.

Die Anfangsschlinge ist richtig gearbeitet, wenn sie sich ohne Knotenbildung wieder aufziehen läßt. Dazu die Nadel herausnehmen, den Endfaden festhalten und am Arbeitsfaden ziehen.

Die fertige Anfangsschlinge bei rechtshändigem Arbeiten.

Die fertige Anfangsschlinge bei linkshändigem Arbeiten.

Arbeitsweise für Linkshänder

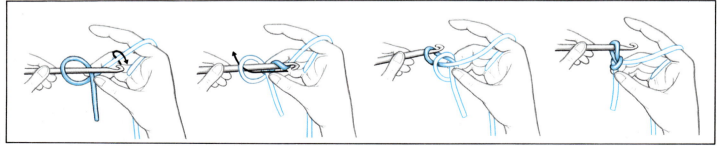

Die Luftmasche

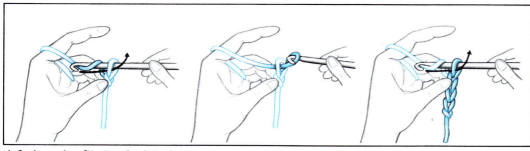

Arbeitsweise für Rechtshänder

Die Anfangsschlinge liegt auf der Nadel. Mit der Nadel von unten den Arbeitsfaden auffassen (Umschlag), dabei die Nadel drehen, so daß der Häkelhaken jetzt nach unten zeigt.

Den Umschlag durch die Anfangsschlinge ziehen, so daß die 1. Luftmasche entsteht. Daumen und Mittelfinger fassen nach und halten die Arbeit direkt unter der letzten Masche.

Dieser Vorgang wird wiederholt; es entsteht eine Luftmaschenkette. Diese bildet den Anschlag für eine Häkelarbeit.

Luftmaschen bilden auch den Übergang in die nächste Reihe (das Wenden am Ende einer Reihe).

Als Anschlag muß die Luftmaschenkette so locker gearbeitet werden, daß mühelos mit der Nadel in die Maschen eingestochen werden kann.

Arbeitsweise für Linkshänder

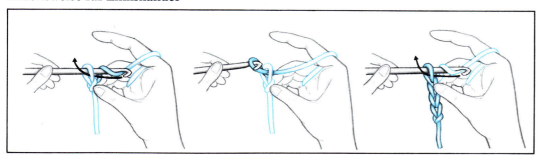

Die Kettenmasche ∩

Arbeitsweise für Rechtshänder

Beim Arbeiten in die Luftmaschenkette die 1. Masche als Wendeluftmasche (○) überspringen. Die Häkelnadel unter dem oberen Glied der nächsten Masche einstechen und den Faden umschlagen. Den umgeschlagenen Faden durch die Masche und durch die auf der Nadel liegende Schlinge ziehen. In die nächste Luftmasche einstechen und den Vorgang wiederholen.

Die 1. Reihe Kettenmaschen wird rechtshändig gehäkelt.

Die 1. Reihe Kettenmaschen wird linkshändig gehäkelt.

Arbeitsweise für Linkshänder

Verwendung der Kettenmasche

Sie wird zum Abnehmen, Versäubern und Festigen von Rändern, für Blenden oder bei der Rundhäkelei zum Anschließen der letzten Masche einer Runde an die erste Masche der neuen Runde benutzt (Seite 93).
Außerdem eignet sich die Kettenmasche besonders gut zum Verbinden zweier Häkel- oder Strickteile, da sie die niedrigste Häkelmasche ist (Seite 94).
Man kann aber mit der Kettenmasche auch Flächen häkeln:

Hier wird jeweils ins vordere Maschenglied der Vorreihe eingestochen.

Hier wird jeweils ins hintere Maschenglied der Vorreihe eingestochen.

Die feste Masche I

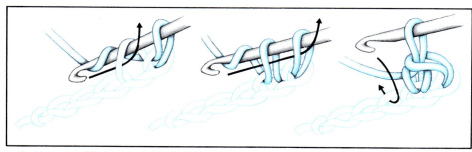

Arbeitsweise für Rechtshänder

Beim Anschlag die 1. Luftmasche übergehen und die Häkelnadel unter dem oberen Glied der nächsten Masche einstechen, den Faden umschlagen und nur durch die Masche ziehen.
Den Faden erneut umschlagen, den Umschlag durch beide auf der Häkelnadel liegenden Schlingen ziehen. Dann in die nächste Luftmasche einstechen usw.

Am Ende der Reihe wird 1 Wendeluftmasche gehäkelt.
Bei allen Häkelmustern sticht man ab der 2. Reihe immer unter beiden Maschengliedern ein, um den Arbeitsfaden zu holen. Erfordert ein Muster eine andere Einstichweise, ist dies jedesmal in der Anleitung angegeben.

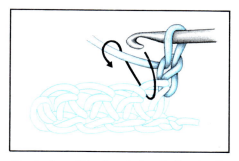

Nach dem Wenden jeder Reihe in die 1. feste Masche der Vorreihe stechen.

Arbeitsweise für Linkshänder

69

Häkelmuster aus festen Maschen in Reihen

Durch verschiedenartiges Einstechen in die festen Maschen der 2. und der folgenden Reihen kann das Maschenbild verändert werden.

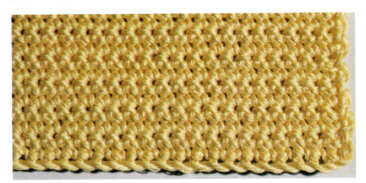

▲ Beim oberen Muster sticht man durch beide Maschenglieder der Vorreihe, um den Faden für die feste Masche zu holen.

▼ Beim unteren Muster sticht man nur in das hintere Maschenglied, um die feste Masche zu bilden. Dieses Muster eignet sich in Längsrichtung besonders gut für Bündchen an Westen und Pullovern. Dafür die Luftmaschenkette entsprechend der gewünschten Bündchenhöhe arbeiten. Über diesem Anschlag den Taillen- oder Hüftumfang in dem Muster häkeln. Die Maschen für die Häkelarbeit werden anschließend aus der Wendekante geholt.

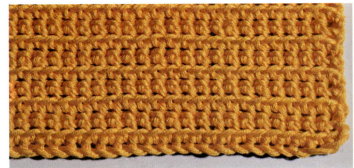

▲ Beim oberen Muster sticht man stets in das vordere Maschenglied, um die feste Masche zu bilden.

▼ Beim unteren Muster arbeitet man zunächst 2 Reihen feste Maschen. Bei der 3. Reihe (Vorderseite) sticht man jede 4. Masche 1 Reihe tiefer ein, holt den Faden durch, zieht die Schlinge so locker und lang, daß diese bis zur letzten Reihe hochreicht und häkelt die feste Masche fertig. In jeder 2. Reihe wiederholt man dies und versetzt die Reliefmaschen; also in der 5. Reihe schon bei der 2. Masche tiefer einstechen.

Häkelmuster aus festen Maschen in Runden

Werden feste Maschen in Runden (also nur in Hinreihen) gehäkelt, entsteht ein völlig anderes Erscheinungsbild.

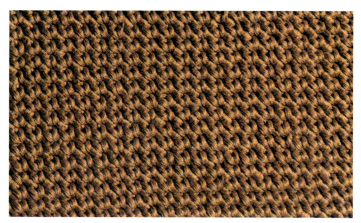

▲ Beim oberen Muster sticht man stets in das hintere Maschenglied ein und bildet die feste Masche.

▲ Beim oberen Muster sticht man durch beide Maschenglieder der Vorreihe, um eine feste Masche zu bilden.

▼ Auch bei dem unteren Muster sticht man nicht in die waagerechten Maschenglieder der Vorreihe, sondern in den dahinter, also auf der Rückseite liegenden kleinen runden Maschenteil und bildet dann eine feste Masche. Dadurch legen sich die waagerechten Maschenglieder wie geflochtene Zöpfe nach vorn.

▼ Beim unteren Muster wird die Nadel nicht in die waagerechten Maschenglieder, sondern zwischen die senkrecht liegenden Maschenglieder der Vorreihe durchgestochen, um feste Maschen zu bilden.

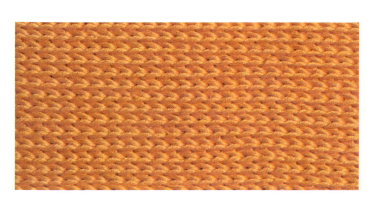

Das halbe Stäbchen ┬

Arbeitsweise für Rechtshänder

Für das halbe Stäbchen werden zum Wenden am Ende einer Reihe 2 Luftmaschen benötigt. Diese werden am Ende der übernächsten Reihe als Stäbchen gezählt, so daß das letzte Stäbchen in die oberste Wendeluftmasche gehäkelt wird. Dies gilt für alle Stäbchenmuster.

Nach dem Anschlag den Faden umschlagen, in das obere Maschenglied der 3. Luftmasche einstechen, den Faden nochmals umschlagen und durch die Maschen ziehen.

Den Faden nochmals umschlagen und durch die 3 auf der Nadel befindlichen Maschenglieder ziehen.

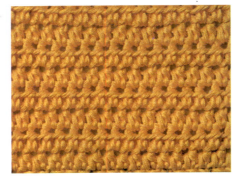

Arbeitet man eine Fläche aus halben Stäbchen, so wird normalerweise durch beide oberen Maschenglieder eingestochen.

Die 1. Reihe der halben Stäbchen wird rechtshändig gehäkelt.

Die 1. Reihe der halben Stäbchen wird linkshändig gehäkelt.

Arbeitsweise für Linkshänder

Das einfache Stäbchen †

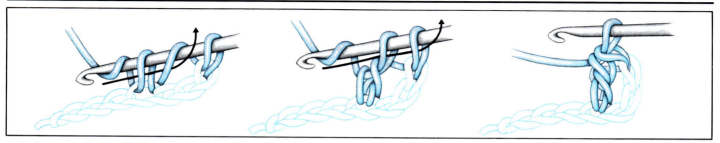

Arbeitsweise für Rechtshänder

Für das einfache Stäbchen werden zum Wenden am Ende einer Reihe 3 Luftmaschen benötigt. Nach dem Anschlag den Faden umschlagen, in die 4. Luftmasche einstechen, den Faden auffassen und durchziehen, den Faden nochmals umschlagen und nur durch die ersten beiden auf der Häkelnadel befindlichen Maschenglieder ziehen. Jetzt sind noch 2 Maschenglieder auf der Nadel. Den Faden nochmals umschlagen und durch diese restlichen Maschenglieder ziehen.

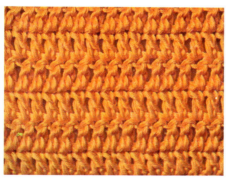

Das Foto zeigt das Häkelmuster aus einfachen Stäbchen, ab der 2. Reihe wird immer in beide Maschenglieder eingestochen.

Die 1. Reihe einfache Stäbchen wird rechtshändig gehäkelt.

Die 1. Reihe einfache Stäbchen wird linkshändig gehäkelt.

Arbeitsweise für Linkshänder

Häkelmuster aus einfachen Stäbchen

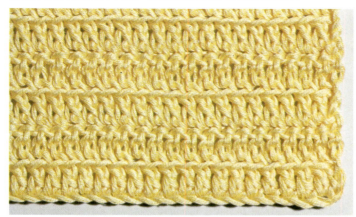

Bei den oben und unten abgebildeten dichten Stäbchenmustern wird jeweils nur 1 Maschenglied der Vorreihe aufgefaßt.
▲ Oben sticht man stets in das hintere Maschenglied, um das Stäbchen zu bilden.

▼ Unten sticht man stets in das vordere Maschenglied, um das Stäbchen zu bilden.

▲ Beim oberen Stäbchenmuster sticht man nicht in das Stäbchen, sondern zwischen den Stäbchen der Vorreihe ein.

▼ Beim unteren Muster wird das 1. Stäbchen in die 5. Luftmasche gehäkelt, das 2. Stäbchen in die 4. Luftmasche, das 3. Stäbchen in die übernächste Masche, das 4. Stäbchen zurück in die nächste usw. In den folgenden Reihen sticht man nicht in die Maschenglieder ein, sondern zwischen die Stäbchen.

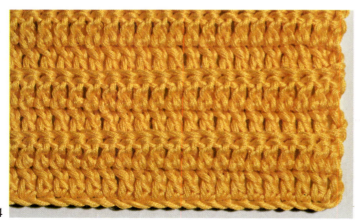

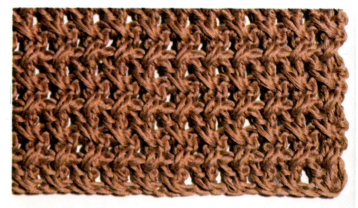

Häkelmuster aus Luftmaschen, festen Maschen und Stäbchen

Das einfache Stäbchen häkelt man auch in Verbindung mit festen Maschen und Luftmaschen.

Um die Häkelmuster für das Auge schneller erfaßbar zu machen, wurde eine Symbolschrift entwickelt. Im folgenden sind alle Muster mit diesen Symbolen erklärt. Die Symboldeutung ist auf Seite 64 nachzuschlagen.

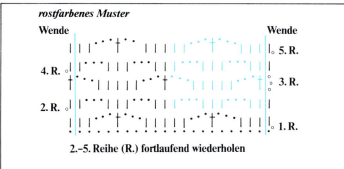

rostfarbenes Muster

2.–5. Reihe (R.) fortlaufend wiederholen

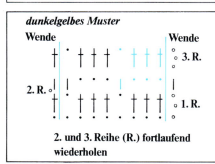

dunkelgelbes Muster

2. und 3. Reihe (R.) fortlaufend wiederholen

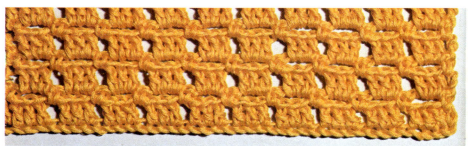

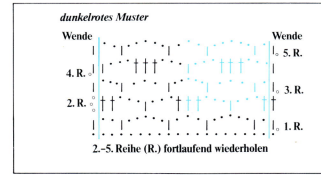

dunkelrotes Muster

2.–5. Reihe (R.) fortlaufend wiederholen

Das Reliefstäbchen ⨍,t

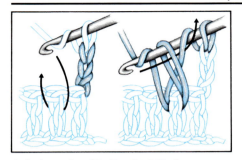
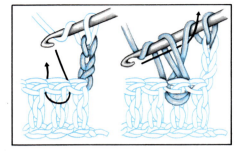
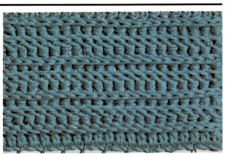

Arbeitsweise für Rechtshänder

Das *vor* der Arbeit liegende Reliefstäbchen (⨍). Die 1. Reihe wird aus einfachen Stäbchen gebildet. Am Ende der Reihe 3 Wendeluftmaschen häkeln. Arbeit wenden. Den Faden umschlagen, mit der Häkelnadel vor der Arbeit unter dem 2. Stäbchen der Vorreihe durchstechen, dabei liegt das Stäbchen über der Häkelnadel. Den Faden nochmals umschlagen, durchholen und das Stäbchen ganz normal beenden. Dieses Reliefstäbchen gleicht auf der Rückseite dem Reliefstäbchen, das von hinten gehäkelt wird.

Das *hinter* der Arbeit liegende Reliefstäbchen (t). Die 1. Reihe wird aus einfachen Stäbchen gebildet. Am Ende der Reihe 3 Wendeluftmaschen häkeln. Arbeit wenden. Den Faden umschlagen, mit der Häkelnadel hinter der Arbeit in Pfeilrichtung um das Stäbchen herumstechen. Den Faden nochmals umschlagen und durchholen. Das Stäbchen ganz normal beenden. Dieses Reliefstäbchen gleicht auf der Rückseite dem Reliefstäbchen, das von vorn gehäkelt wird.

Werden in der Hin- und Rückreihe nur vor der Arbeit liegende Reliefstäbchen oder nur hinter der Arbeit liegende Reliefstäbchen gearbeitet, so ergibt sich dieses Muster.

Bei diesem Muster wurde 1 Reihe Reliefstäbchen vor der Arbeit liegend und 1 Reihe hinter der Arbeit liegend gearbeitet. Diese 2 Reihen werden fortlaufend wiederholt.

Arbeitsweise für Linkshänder

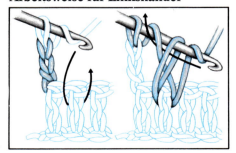
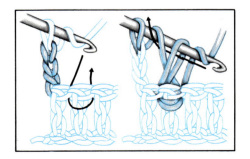

Das zusammen abgemaschte Stäbchen A, ⊕ und die Büschelmasche ⋏

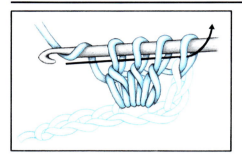

Arbeitsweise für Rechtshänder

Für zusammen abgemaschte Stäbchen werden in unserem Beispiel 3 Stäbchen in die gleiche Einstichstelle (⊕) gearbeitet, aber jedesmal nur bis vor die letzte Schlinge gehäkelt, also umschlagen, einstechen, den Faden auffassen und durchziehen, nochmals umschlagen und diesen Umschlag durch 2 Schlingen ziehen. Diesen Vorgang noch 2mal wiederholen. Dann mit einem Umschlag alle 4 Schlingen von der Häkelnadel abmaschen und mit 1 Luftmasche beenden.

Arbeitsweise für Linkshänder

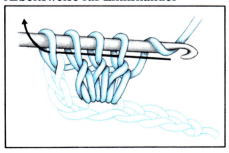

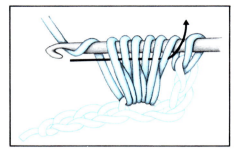

Arbeitsweise für Rechtshänder

Den Faden umschlagen, in die 5. Luftmasche einstechen, nochmals umschlagen, den Faden durchholen und die Schlinge in Stäbchenhöhe ziehen. Diesen Vorgang 2mal wiederholen. Es sind jetzt 7 Schlingen auf der Nadel. Den Faden umschlagen und diesen durch 6 Schlingen ziehen. Dann den Faden nochmals umschlagen und die beiden letzten Schlingen zusammen abmaschen. 1 Luftmasche häkeln, 1 Masche der Vorreihe überspringen und den Vorgang wiederholen.

Arbeitsweise für Linkshänder

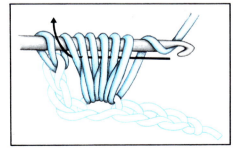

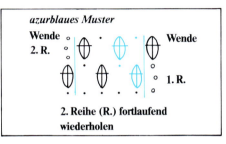

Bei den Mustern ab der 2. Reihe unter den Luftmaschen einstechen. Die letzte Masche jeder Reihe in den Wendebogen arbeiten.

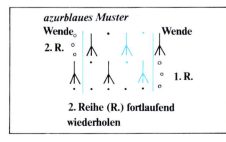

Häkelmuster aus Reliefstäbchen

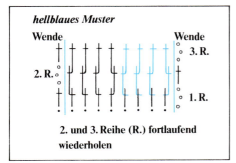

hellblaues Muster

2. und 3. Reihe (R.) fortlaufend wiederholen

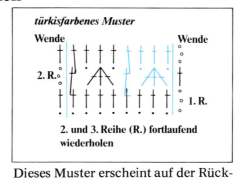

türkisfarbenes Muster

2. und 3. Reihe (R.) fortlaufend wiederholen

Dieses Muster erscheint auf der Rückseite.

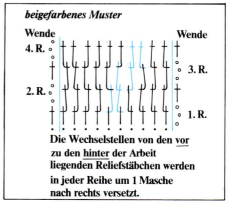

beigefarbenes Muster

Die Wechselstellen von den vor zu den hinter der Arbeit liegenden Reliefstäbchen werden in jeder Reihe um 1 Masche nach rechts versetzt.

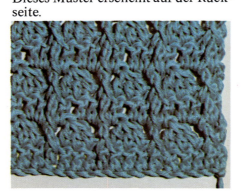

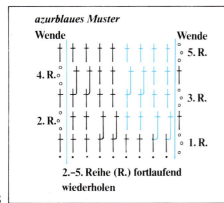

azurblaues Muster

2.–5. Reihe (R.) fortlaufend wiederholen

Häkelmuster aus Büschelmaschen und zusammen abgemaschten Stäbchen

hellblaues Muster

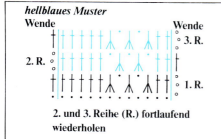

2. und 3. Reihe (R.) fortlaufend wiederholen

beigefarbenes Muster

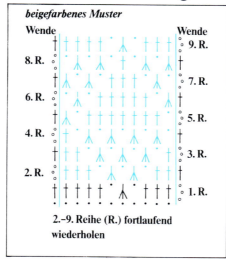

2.–9. Reihe (R.) fortlaufend wiederholen

türkisfarbenes Muster

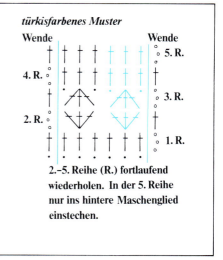

2.–5. Reihe (R.) fortlaufend wiederholen. In der 5. Reihe nur ins hintere Maschenglied einstechen.

azurblaues Muster

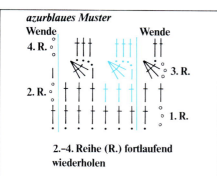

2.–4. Reihe (R.) fortlaufend wiederholen

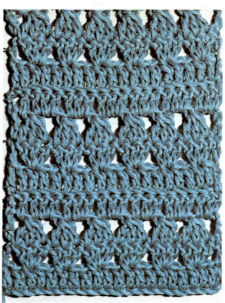

79

Das doppelte und mehrfache Stäbchen †

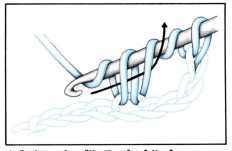
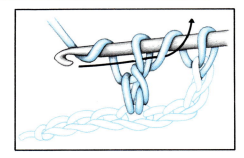

Arbeitsweise für Rechtshänder

Für das doppelte Stäbchen werden zum Wenden am Ende einer Reihe 4 Luftmaschen benötigt. Nach dem Anschlag 2 Umschläge bilden, die Häkelnadel in die 5. Luftmasche stechen, den Faden holen und durchziehen. Es sind jetzt 4 Schlingen auf der Häkelnadel. Den Faden umschlagen und durch die ersten 2 Schlingen ziehen.

Den Faden nochmals umschlagen und den Faden durch die nächsten 2 Schlingen ziehen. Den Faden wieder umschlagen und durch die letzten 2 Schlingen holen. Es befindet sich wieder 1 Masche auf der Nadel.

Doppelte und mehrfache Stäbchen entwickeln sich aus dem einfachen Stäbchen. Die Zahl der Umschläge bestimmt die Höhe des Stäbchens. Es werden immer 2 Schlingen zusammen abgemascht, bis am Ende 1 Schlinge übrigbleibt. Mehrfache Stäbchen werden hauptsächlich beim Zunehmen und für durchbrochene Muster gehäkelt.
Das Foto zeigt vierfache Stäbchen in der 1. Reihe. Zum Wenden werden 6 Luftmaschen benötigt.

Arbeitsweise für Linkshänder

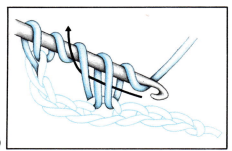
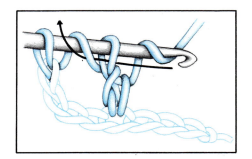

Das Kreuzstäbchen ✕

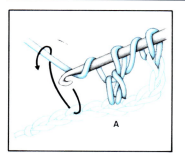 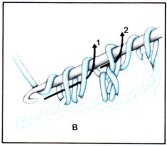  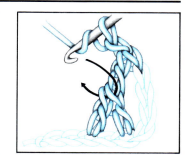

Arbeitsweise für Rechtshänder

Nach dem Anschlag 4 Wendeluftmaschen häkeln, dann 2 Umschläge legen, durch die 5. Luftmasche stechen (**A**), den Faden auffassen und durchziehen, umschlagen und die Häkelnadel durch 2 Schlingen ziehen. Die restlichen 3 Maschenglieder auf der Häkelnadel liegen lassen. Umschlagen, eine Masche überspringen, in die nächste Masche einstechen (**B**) und den Faden durchholen.

Umschlagen und den Faden durch 2 Schlingen ziehen (**1**). Noch einmal umschlagen und den Faden durch 2 Schlingen ziehen (**2**). Es sind 3 Maschenglieder auf der Nadel.

Umschlagen und den Faden wieder durch 2 Schlingen ziehen (**1**). Noch einmal umschlagen und den Faden durch 2 Schlingen ziehen (**2**). 1 Maschenglied bleibt auf der Nadel.

1 Luftmasche, umschlagen und unter den 2 obenliegenden Maschengliedern des Kreuzungspunktes der bisher gearbeiteten Stäbchen den Faden auffassen und nach vorne holen, umschlagen und den Faden durch 2 Schlingen ziehen. Noch einmal umschlagen und den Faden durch die 2 letzten Schlingen ziehen. Für das nächste Kreuzstäbchen bei **B** einstechen. Das Foto zeigt mehrere Kreuzstäbchen in der 1. Reihe.

Arbeitsweise für Linkshänder

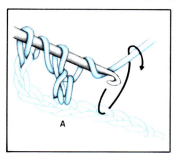 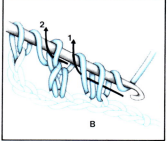 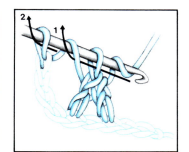 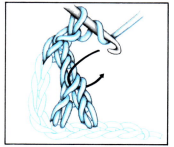

Häkelmuster aus allen bisher erlernten Maschen

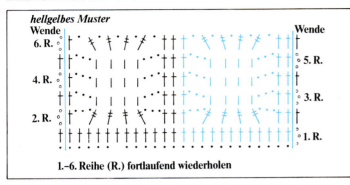

hellgelbes Muster

1.–6. Reihe (R.) fortlaufend wiederholen

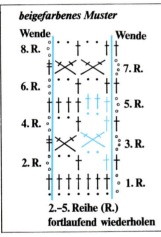

beigefarbenes Muster

2.–5. Reihe (R.) fortlaufend wiederholen

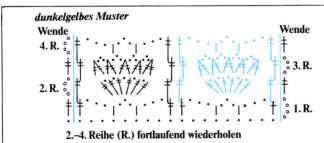

dunkelgelbes Muster

2.–4. Reihe (R.) fortlaufend wiederholen

Weißes Dreiecktuch

Material: 250 g naturfarbene Wolle für Häkelnadel Nr. 2.
Grundmuster: siehe Häkelschrift.
Maschenprobe: 21 Maschen und 10 Reihen ergeben 10 cm im Quadrat.
Arbeitsweise: Bei einer Breite von 2 m werden 354 Luftmaschen als Anschlag benötigt. Bei dickerer Wolle entsprechend weniger.
Am Anfang jeder Reihe werden 3 Maschen abgenommen.
Fertigstellung: An den Schrägseiten werden Fransen laut Zeichnung eingeknüpft.

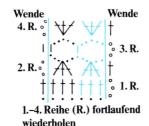

1.–4. Reihe (R.) fortlaufend wiederholen

Blaues Dreiecktuch

Material: 400 g dunkelblaue, 100 g hellblaue und 100 g weiße Wolle für Häkelnadel Nr. 4.

Grundmuster: siehe Häkelschrift. Die Stäbchengruppe wird jeweils um die Luftmaschen herum eingestochen.
Farbfolge: 5 Reihen dunkelblau, je 1 Reihe hellblau, weiß, dunkelblau, weiß, hellblau. 1.–10. Reihe fortlaufend wiederholen.
Fertigstellung: An die obere gerade Seite werden Pikots (siehe Seite 95) gehäkelt. An den Schrägseiten werden Fransen laut Zeichnung eingeknüpft.

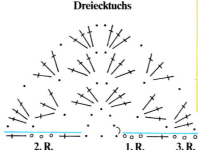

Anfang des Dreiecktuchs

Zum Zuschneiden der Fransen wird ein Kartonstreifen, der 1 cm breiter als die gewünschte Fransenlänge ist, mit Wolle umwickelt. Die Fäden schneidet man dann auf einer Seite durch und knüpft sie mit der Häkelnadel laut Zeichnung ein.

Die Eckbildung beim Häkeln

Die Eckbildung beim Häkeln wird immer dann notwendig, wenn fertige Gegenstände, sei es ein Häkel-, Strick- oder auch Stoffstück, eingefaßt werden sollen, oder aber, wenn man bestimmte Formen häkelt (Seite 88 und 89).

Ecken entstehen dadurch, daß man mehrere Male an derselben Stelle (Eckmasche) einsticht. Man unterscheidet die Eckbildung mit und ohne Loch.

Eckbildung aus festen Maschen und Stäbchen ohne Loch

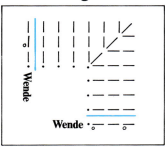  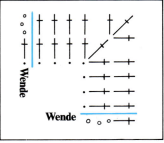 

In die Eckmasche werden jeweils 3 feste Maschen gehäkelt. In allen Reihen (Hin- und Rückreihen) in die mittlere der 3 festen Maschen wieder 3 feste Maschen arbeiten.

In die Eckmasche werden jeweils 3 Stäbchen gehäkelt. In allen Reihen (Hin- und Rückreihen) in das mittlere der 3 Stäbchen wieder 3 Stäbchen arbeiten.

Eckbildung aus festen Maschen, Stäbchen und Luftmaschen mit Loch

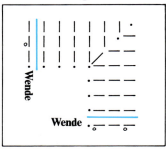  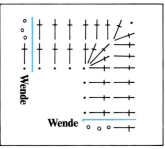 

In der 1. Reihe werden in die Eckmasche 3 feste Maschen gehäkelt. Bei der nächsten und den folgenden Reihen wird die mittlere dieser 3 Maschen durch 1 Luftmasche ersetzt, sie ist dann die Eckmasche; also jeweils 1 feste Masche, 1 Luftmasche, 1 feste Masche in die gleiche Einstichstelle.

In der 1. Reihe werden in die Eckmasche 5 Stäbchen gehäkelt. Bei der nächsten und den folgenden Reihen wird die mittlere dieser 5 Maschen durch 1 Luftmasche ersetzt, sie ist dann die Eckmasche; also jeweils 2 Stäbchen, 1 Luftmasche, 2 Stäbchen in die gleiche Einstichstelle.

Umhäkeln von Stoffkanten mit Eckbildung

Vorgerichtete Kanten (Einschlag oder Saum) können mit festen Maschen umhäkelt werden. Diese gehäkelte Kante dient entweder als Abschluß des Stoffes oder als Anfang einer Häkelspitze.

Hierbei können die festen Maschen regelmäßig in Gruppen, verschieden tief gestochen oder mit Pikots (siehe Seite 95) gearbeitet werden. An der Ecke häkelt man jeweils 3 feste Maschen in die gleiche Einstichstelle beziehungsweise 1 feste Masche, 1 Pikot, 1 feste Masche.

Das Formenhäkeln

Alle Formen können in festen Maschen, Stäbchen oder einem Muster ausgeführt werden. Den Anfang bildet häufig der Fadenring oder der Luftmaschenring.

Der Fadenring

Der Luftmaschenring

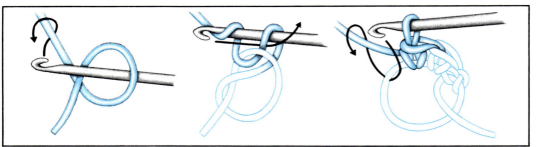

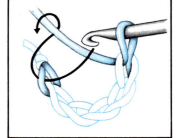

Arbeitsweise für Rechtshänder

Wie bei der Anfangsschlinge den Faden durch die Schleife holen, jedoch nicht zur Masche festziehen.
Den Kreuzungspunkt mit Mittelfinger und Daumen halten, den Faden nochmals umschlagen und durch die erhaltene Schlinge ziehen. Den Fadenanfang nach rechts (Linkshänder nach links) legen.
Jetzt in den Ring die gewünschte Anzahl feste Maschen häkeln. Danach am Fadenanfang ziehen und somit die Fadenschlinge mit den festen Maschen zusammenziehen.
Für den **Luftmaschenring** wird 1 Luftmaschenkette mit 1 Kettenmasche zum Ring geschlossen. Der Pfeil zeigt den Einstich in die 1. Masche zur Bildung der Kettenmasche. In diesen Ring häkelt man die gewünschten Maschen.

Arbeitsweise für Linkshänder

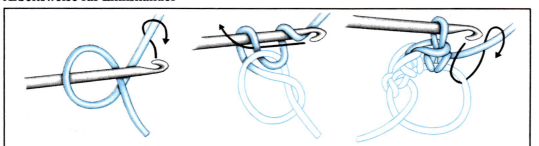

Kreisrunde Formen

Beim Häkeln einer kreisrunden Form gilt für das Zunehmen eine einfache Regel:
Man beginnt mit einem Faden- oder Luftmaschenring von 4 Maschen. In der 1. Runde werden die Maschen verdoppelt, also in jede feste Masche 2 feste Maschen oder 8 Maschen in den Ring gearbeitet. In der 2. Runde werden die Maschen wieder verdoppelt, man erhält also 16 Maschen. In der 3. Runde wird jede 2. Masche der Vorreihe verdoppelt. In der 4. Runde wird jede 3. Masche der Vorreihe verdoppelt usw. Man kann also immer anhand der Runden abzählen, welche Masche man verdoppeln muß.

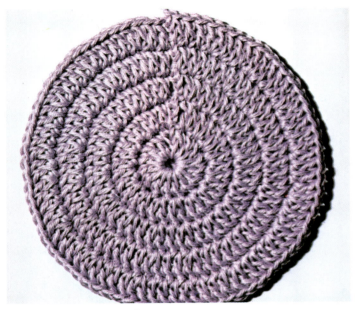

Abgeschlossene Runden
Bei den abgeschlossenen Runden wird jeweils am Ende einer Runde die letzte Masche mit der 1. Masche der Runde durch 1 Kettenmasche verbunden.
Die 1. Masche einer Runde besteht jeweils aus Luftmaschen, wie beim Wenden am Ende einer Reihe.
Bei den abgeschlossenen Runden besteht die Möglichkeit, die Arbeit zu wenden, falls eine bestimmte Musterung erzielt werden soll.
Zugenommen wird durch Arbeiten mehrerer Maschen in die gleiche Einstichstelle.

Die Schneckenform
Beim Häkeln in Schneckenform wird fortlaufend gehäkelt, und die Musterbildung entspricht dem Häkeln in Runden von Seite 71. Bei dieser Arbeitsweise ist es zu empfehlen, den Rundenbeginn zur Orientierung mit einem andersfarbigen Faden zu markieren.
Bei beiden Arbeitsformen sollte die Arbeit zwischendurch flach aufgelegt werden, um zu überprüfen, ob die Kreisform sich zusammenzieht oder in Wellen legt. Dann sind entweder zu wenige oder zu viele Maschen zugenommen worden. Zugenommen wird ebenfalls durch Arbeiten mehrerer Maschen in die gleiche Einstichstelle.

Mehreckige und ovale Formen

Alle Formen auf diesen beiden Seiten können entweder mit einem Fadenring, einem Luftmaschenring oder einer Luftmaschenkette begonnen werden. Die Häkelschrift zeigt den jeweiligen Anfang.

Möchte man einen Schlauch (zum Beispiel ein Puppenkleid) häkeln, so wird immer mit einem Luftmaschenring begonnen, der dem Gegenstand entsprechend groß ist.

Das Sechseck
Die Häkelschrift zeigt den Anfang beim Sechseck. Im Gegensatz zur kreisrunden Form müssen hier die Zunahmen immer über denen der Vorreihe liegen, um Ecken zu erhalten.

Das Oval
Beim Oval wird mit einer Luftmaschenkette begonnen. Bei der 1. Runde werden zunächst feste Maschen in die Luftmaschen gearbeitet, in die letzte Masche häkelt man 4 feste Maschen, dann wird die Runde auf der Unterseite der Luftmaschenkette weitergeführt.

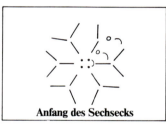

Anfang des Sechsecks

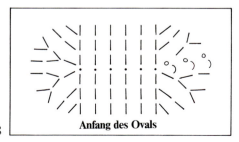

Anfang des Ovals

Quadratische Formen

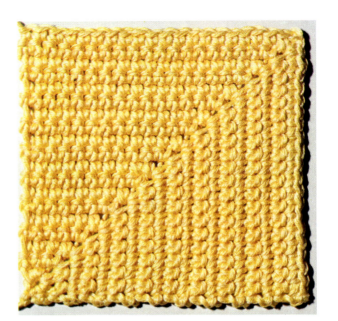

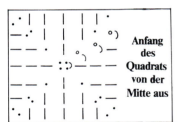
Anfang des Quadrats von der Mitte aus

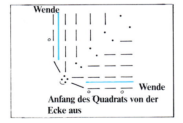
Wende — Anfang des Quadrats von der Ecke aus

Nadelkissen

Material: Reste von Topflappengarn, alte Perlonstrümpfe und eine zum Garn passende Häkelnadel.
Größe: 12 cm im Durchmesser.
Grundmuster: Feste Maschen in Runden gehäkelt.
Arbeitsweise: 2 Kreisflächen von 10 cm häkeln.
Fertigstellung: Jede Kreisfläche mit einer Runde Pikots (siehe Seite 95) beenden. Jeweils 2 kleine Flächen für die Bäckchen und die Augen häkeln. Das Gesicht auf eine Kreisfläche aufnähen beziehungsweise aufsticken. Die beiden Kreisflächen unter den Pikots mit 1 Runde Pikots (jeweils durch je 1 Masche beider Flächen einstechen), dabei zwischendurch das Kissen mit Perlonstrümpfen ausstopfen.

Puppenwagendecke

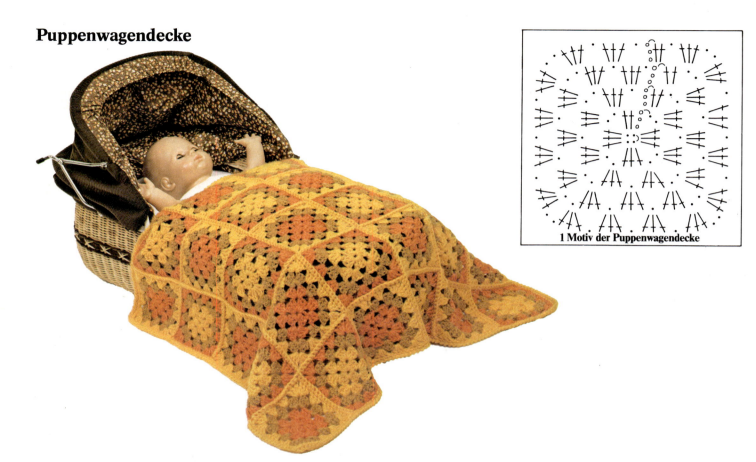

1 Motiv der Puppenwagendecke

Material: 150 g gelbe, 100 g ockerfarbene, 100 g orangefarbene Wolle für Häkelnadel Nr. 3,5.
Muster: siehe Häkelschrift.
Farbfolge: 2 Runden gelb beziehungsweise orange, 1 Runde ocker, 1 Runde orange beziehungsweise gelb.
15 Motive beginnen in der Mitte mit gelb, 15 Motive mit orange.

Arbeitsweise: Es werden 30 Quadrate nach Häkelschrift gearbeitet.
Fertigstellung: 2 Quadrate rechts auf rechts in wechselnder Farbfolge aufeinanderlegen und an den oberen Kanten mit festen Maschen zusammenhäkeln, indem man von jedem Quadrat je 1 Masche auffaßt (= 4 Maschenglieder). Dann die nächsten 2 Quadrate danebenlegen und gleich weiterhäkeln, dabei auf wechselnde Farbfolge achten.
Sind auf diese Weise 12 Quadrate zusammengehäkelt, werden die nächsten 6 Quadrate angehäkelt usw. Anschließend werden die offenen Seiten ebenfalls mit festen Maschen zusammengehäkelt. Der Außenrand wird mit Krebsmaschen (siehe Seite 95) eingefaßt.

Gläser- und Flaschenuntersetzer

Material: 50 g Baumwollgarn (altrosa) für Häkelnadel Nr. 1,25.
Größe: 7,5 cm und 10 cm im Durchmesser.
Arbeitsweise: siehe Häkelschrift, sie zeigt die Arbeitsweise für die Gläseruntersetzer. Für den Flaschenuntersetzer wird vor dem Bogenabschluß 1 Runde Stäbchen im Wechsel mit 2 Luftmaschen zusätzlich gehäkelt, so daß es am Ende 7 Stäbchen, 2 Luftmaschen im Wechsel sind. Der Abschluß beginnt mit 1 Runde 3 Stäbchen, 2 Luftmaschen, 3 Stäbchen und 6 Luftmaschen im Wechsel. In der 2. Runde häkelt man 3 Stäbchen, 2 Luftmaschen, 3 Stäbchen, 3 Luftmaschen, 1 feste Masche um die Luftmaschen der Vorreihe und 3 Luftmaschen im Wechsel. Die letzte Runde besteht aus 6 Stäbchen und 5 Picots, jeweils abwechselnd 1 Stäbchen und 1 Picot, dann 3 Luftmaschen, 1 feste Masche in die feste Masche der Vorreihe, 3 Luftmaschen usw.

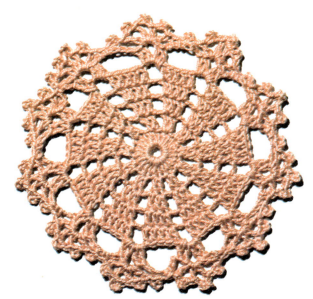

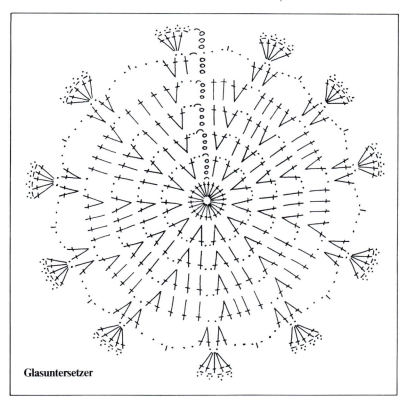

Glasuntersetzer

Zunahmen und Abnahmen

Das Zunehmen innerhalb der Reihe

Bei einmaliger Zunahme pro Reihe werden in 1 Masche der Vorreihe 2 beziehungsweise mehrere Maschen in die gleiche Einstichstelle gearbeitet. Dadurch entsteht manchmal gleichzeitig eine Musterung. Mehrmalige Zunahmen werden gleichmäßig in der Reihe verteilt.

Das Zunehmen am Anfang und Ende der Reihe

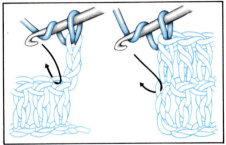
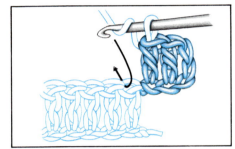
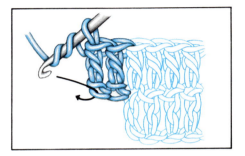

Arbeitsweise für Rechtshänder

Beim Zunehmen für Schrägungen häkelt man jeweils in die 1. und letzte Masche der Vorreihe 2 Maschen in die gleiche Einstichstelle.
In der Zeichnung wird das Zunehmen bei Stäbchen gezeigt.

Sollen mehrere Maschen zugenommen werden, so häkelt man am Ende der Vorreihe entsprechend viele Luftmaschen. Dann die Wendeluftmasche häkeln, die Arbeit wenden und in die Luftmaschen die entsprechenden Maschen häkeln.

Sollen mehrere Maschen zugenommen werden, so häkelt man in die letzte Masche der Vorreihe außer der letzten festen Masche 1 Stäbchen und bei einer Stäbchenreihe zusätzlich ein Doppelstäbchen. Alle weiteren Stäbchen werden in das untere Maschenglied des vorhergehenden Stäbchens gearbeitet.

Arbeitsweise für Linkshänder

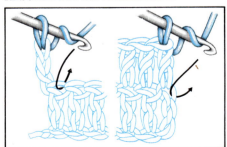
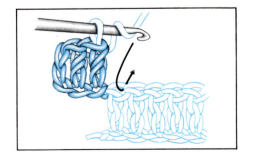
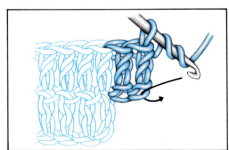

Das Abnehmen innerhalb der Reihe

Bei 1 Abnahme innerhalb der Reihe übergeht man 1 Masche der Vorreihe. Bei mehreren Abnahmen müssen diese gleichmäßig auf die Reihe verteilt werden. Sollen 2 feste Maschen an der gleichen Stelle abgenommen werden, arbeitet man wie folgt: einstechen, Faden holen, 1 Masche übergehen, einstechen, Faden holen, Faden umschlagen und durch die 3 auf der Nadel befindlichen Schlingen ziehen.

Das runde Abnehmen am Anfang der Reihe

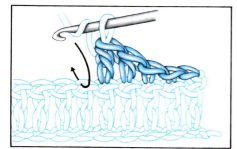

Arbeitsweise für Rechtshänder
Bei Stäbchenmustern wird nach der Wendeluftmasche in die 1. und 2. Masche der Vorreihe 1 Kettenmasche gearbeitet. Es folgen 1 feste Masche, 1 halbes Stäbchen und weiterhin Stäbchen. Bei Mustern aus festen Maschen übergeht man die 1. Masche, um einen glatten Rand zu erhalten.

Arbeitsweise für Linkshänder

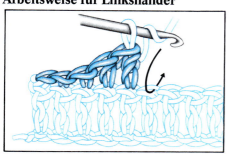

Das runde Abnehmen am Ende der Reihe

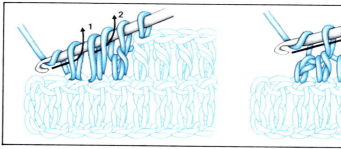

Arbeitsweise für Rechtshänder
Bei Stäbchenmustern wird über 4 Stäbchen abgenommen, wie die Zeichnung es zeigt. Die letzte Masche bleibt frei. Bei Mustern aus festen Maschen in die zweitletzte Masche einstechen, Faden holen, in die letzte Masche einstechen, Faden holen, Faden umschlagen und durch 3 auf der Nadel befindliche Schlingen ziehen.

Arbeitsweise für Linkshänder

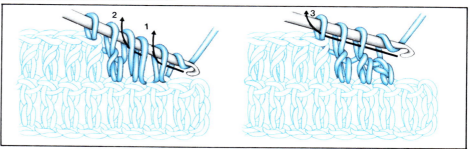

Nahtverbindung und Verschlüsse

Die Kettenmaschennaht

Arbeitsweise für Rechtshänder

Die Teile werden rechts auf rechts gelegt, zusammengesteckt und leicht geheftet. Mit der Häkelnadel in die oberen Maschenglieder der 1. Maschen beider Teile einstechen, den Faden holen, 1 Luftmasche häkeln. Jetzt in die Randmaschenglieder beider Teile einstechen und mit 1 Kettenmasche verbinden. Je lockerer die Maschen gearbeitet werden, um so dehnbarer wird die Naht.

Arbeitsweise für Linkshänder

Das Knopfloch

Arbeitsweise für Rechtshänder

Beim waagerechten Knopfloch häkelt man der Größe des Knopfes entsprechend statt der Mustermaschen die gleiche Anzahl Luftmaschen. In der Rückreihe wird um jede Luftmasche eine Masche im Häkelmuster gehäkelt.

Arbeitsweise für Linkshänder

Die Öse

Arbeitsweise für Rechtshänder

Ösen werden nachträglich an eine Kante angehäkelt. Bis zur Öse feste Maschen in die Kante arbeiten, dann der Größe des Knopfes entsprechend einige Luftmaschen häkeln und die gleiche Anzahl Maschen übergehen. Die Reihe mit festen Maschen fortsetzen. Sollen mehrere Ösen gearbeitet werden, so wechseln die Luftmaschen mit den festen Maschen ab.

Arbeitsweise für Linkshänder

Kantenabschlüsse

Krebsmaschen

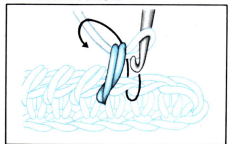

Arbeitsweise für Rechtshänder

Es sind feste Maschen, die in entgegengesetzter Richtung gehäkelt werden. Rechtshänder beginnen also immer an der linken Seite und Linkshänder an der rechten Seite. Die Nadel senkrecht halten, durch die Maschenglieder führen und über den Faden legen, um ihn zu holen.

Arbeitsweise für Linkshänder

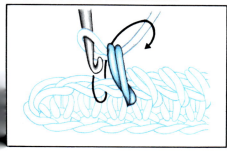

Pikots

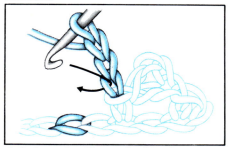

Arbeitsweise für Rechtshänder

3 Luftmaschen häkeln, zurück in die 1. Luftmasche einstechen, 1 feste Masche arbeiten. 1 Masche der Vorreihe übergehen und 1 feste Masche in die Kante arbeiten.

Arbeitsweise für Linkshänder

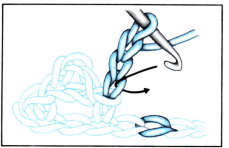

Muschelborte

Arbeitsweise für Rechtshänder

1 feste Masche, 2 Luftmaschen und 3 Stäbchen in die gleiche Einstichstelle häkeln. Für die nächste feste Masche der neuen Muschel 2 Maschen der Vorreihe überspringen.

Arbeitsweise für Linkshänder

Tips, Tips, Tips

Ansetzen neuer Fäden

Es ist ratsam, mit einem neuen Faden immer am Ende einer Reihe zu beginnen, auch wenn dabei manchmal das Material für eine halbe Reihe verlorengeht. Beim späteren Waschen könnten sich die Vernähfäden lösen und ein Loch im Häkelstück entstehen.

Knoten im Knäuel

Zusammengeknotete Enden, die sich von der Fabrik her im Knäuel befinden, sollten auf keinen Fall mitgehäkelt werden. Sie gehen meistens bei der Wäsche auf, und es entsteht ein Loch. Den Knoten jeweils herausschneiden und die Reihe bis zum Anfang wieder aufziehen.

Farbwechsel

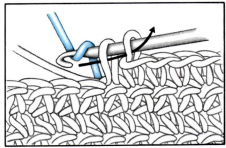

Beim Farbwechsel innerhalb einer Reihe wird die letzte Masche einer Farbe zum Teil schon mit der nächsten Farbe gehäkelt. Das heißt, egal ob es feste Maschen oder eine Stäbchenart ist, die Masche wird bis auf die letzte Schlinge gehäkelt und diese dann mit der neuen Farbe abgemascht.

Beenden einer Häkelarbeit

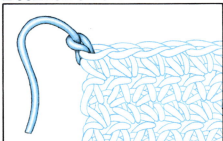

Ist die letzte Masche fertiggestellt, so schneidet man den Arbeitsfaden etwa 10 cm lang ab. Dieses Fadenende wird durch die letzte Schlinge gezogen und dann vernäht.

Fäden vernähen

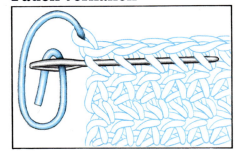

Die Endfäden sollten immer möglichst unsichtbar vernäht werden. Den Faden in eine Sticknadel ohne Spitze einfädeln, auf der Rückseite hinter den Maschengliedern 3 bis 5 cm durchweben und abschneiden.

Falls es einmal notwendig wird, die Fäden innerhalb der Häkelei zu vernähen, sollten sich die Endfäden überkreuzen, damit kein Loch entsteht.

Rundenabschluß

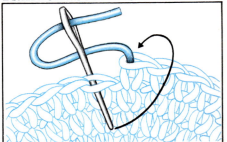

Die letzte Runde wird nicht wie alle anderen Runden mit einer Kettenmasche geschlossen, sondern nach der letzten Masche der Faden abgeschnitten und die Masche hochgezogen. Anschließend vernäht man den Faden so, daß noch eine Masche gebildet wird. Von hinten nach vorn mit der Sticknadel ohne Spitze unter die beiden oberen Maschenglieder der ersten Masche der Vorreihe stechen, dann wieder von oben nach unten in die zuletzt gehäkelte Masche und den Faden vernähen, wie bei Tip 5 angegeben.

Perlen einhäkeln

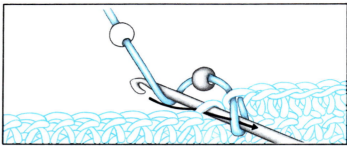

Die Perlen werden in der richtigen Reihenfolge auf den Anfangsfaden des Knäuels aufgezogen und beim Häkeln laufend weitergeschoben, bis man sie benötigt. An der gewünschten Stelle wird eine Perle an die Arbeit herangeschoben und die nächste Masche im Muster gehäkelt. Am besten werden die Perlen in den Rückreihen eingehäkelt, weil sie sich so leichter hinter die Arbeit legen lassen. Sind die Perlen mitten im Knäuel aufgebraucht, so muß der Faden am Rand abgeschnitten werden, damit man neue Perlen aufziehen kann.

Spannen gehäkelter Teile

Die Teile werden mit Stecknadeln der Form entsprechend auf einer Unterlage festgesteckt. Man bedeckt sie mit feuchten Tüchern und läßt sie trocknen. Dadurch bleiben die Muster plastischer und werden nicht flachgedrückt, wie beim Bügeln.

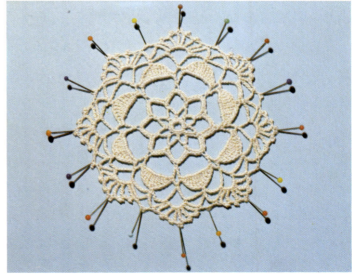

Garn und Häkelnadel

Vor jeder Häkelarbeit müssen Garn und Häkelnadel aufeinander abgestimmt werden. Das heißt, bei der Häkelprobe muß man feststellen, ob das Probestück zu fest oder zu locker beziehungsweise gerade richtig in der Festigkeit ist. Dadurch kann man sich viel Ärger und unnötige Arbeit sparen und wird mehr Freude an seiner Häkelarbeit haben.

Puppenschlafsack

Größe: 45 x 24 cm.
Material: 50 g gelbe, braune und orangefarbene Wolle für Häkelnadel Nr. 3,5.
Grundmuster: halbe Stäbchen, jeweils 2 Reihen in einer Farbe.
Farbfolge: gelb, orange, braun.
Arbeitsweise: Luftmaschenanschlag 33 Maschen = 21 cm. Im Grundmuster und Farbfolge 66 cm häkeln.
Fertigstellung: das gehäkelte Teil 20 cm übereinanderlegen und mit einer Muschelborte (siehe Häkelschrift) zusammenhäkeln, dabei jeweils die Stäbchen beziehungsweise die Kettenmasche beim Beginn einer neuen Farbe einstechen.

Borte Puppenschlafsack

Puppenkleid mit Hut

Kleid

Material: 50 g blaue und weiße Wolle für Häkelarbeit Nr. 3,5.

Grundmuster: feste Maschen in Runden gehäkelt.

Farbfolge: 1 Runde weiß, 2 Runden blau, 1 Runde weiß, 2 Runden blau, 1 Runde weiß und die restlichen Runden blau.

Arbeitsweise: 84 Luftmaschen = 60 cm mit einer Kettenmasche zur Runde schließen. In der Farbfolge im Grundmuster häkeln.

Nach 12 Runden in den 3 folgenden Runden jeweils 2 feste Maschen häkeln, 1 feste Masche überspringen. In der folgenden Runde 3 feste Maschen häkeln, 1 feste Masche überspringen.

Für das Oberteil noch 7 Runden feste Maschen arbeiten.

Fertigstellung: für die Träger 4 Luftmaschenketten aus 27 Luftmaschen häkeln, an das Oberteil annähen und auf den Schultern zur Schleife binden.

Hut

Material: weiße und blaue Wollreste vom Puppenkleid für Häkelnadel Nr. 3,5.

Grundmuster: Reliefstäbchen vor und hinter der Arbeit liegend.

Farbfolge: 7 Runden blau, 1 Runde weiß, 1 Runde blau, 1 Runde weiß, 1 Runde blau.

Arbeitsweise: 5 Luftmaschen mit einer Kettenmasche zum Ring schließen.

1. Runde: 10 Stäbchen in den Ring arbeiten.
2. Runde: 2 Reliefstäbchen vor der Arbeit liegend in das gleiche Stäbchen, 1 Reliefstäbchen hinter der Arbeit liegend im Wechsel.
3. Runde: 2 Reliefstäbchen vor der Arbeit liegend in die gleiche Masche, 1 Reliefstäbchen vor der Arbeit liegend, 1 Reliefstäbchen hinter der Arbeit liegend im Wechsel.
4.–7. Runde: jeweils bei den vor der Arbeit liegenden Reliefstäbchen in der Mitte 1 Masche zunehmen, 1 Reliefstäbchen hinter der Arbeit liegend häkeln.
8.–10. Runde: ohne Zunehmen die Maschen häkeln, wie sie erscheinen.

Die tunesische Häkelei

Tunesische Muster werden sehr fest und lassen sich kaum dehnen. Sie eignen sich daher besonders gut für strapazierfähige Flächen. Die Musterbildung erscheint nur auf der rechten Seite, da die Arbeit nicht gewendet wird.

Arbeitsweise für Rechtshänder

Für die tunesische Häkelei braucht man eine gleichmäßig starke Häkelnadel mit einem Knopf am Ende, die beim Arbeiten wie eine Stricknadel von oben gehalten wird.
Es wird zunächst eine Luftmaschenkette gehäkelt. Aus jeder Masche der Kette, bei der 2. Masche beginnend, 1 Schlinge auf die Nadel holen, also einstechen und den Arbeitsfaden durchholen. Alle Schlingen auf der Nadel lassen. Am Ende der Reihe wird die Arbeit nicht gewendet.

In der Rückreihe 1 Umschlag legen, den Faden durch die 1. auf der Nadel befindliche Masche ziehen. Dann wieder den Faden auffassen, und ab jetzt locker immer durch 2 Maschen zugleich ziehen, bis noch 1 Masche auf der Nadel ist.

Bei allen nun folgenden Hinreihen durch die gut sichtbaren, senkrechten Maschenglieder der Vorreihe stechen, jeweils den Faden auffassen und als Schlinge auf die Nadel holen.' Das 1. Maschenglied ist die Randmasche, sie wird immer übergangen. Am Ende der Reihe wird die letzte Schlinge (Randmasche) durch das letzte senkrechte Maschenglied geholt.
Wichtig ist, daß beim Aufnehmen der Schlingen alle locker und gleich hoch sind.

Das nebenstehende Foto zeigt die einfache tunesische Häkelei.

Arbeitsweise für Linkshänder

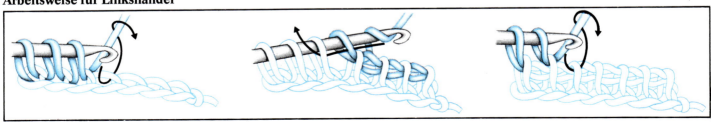

Das tunesische Abketten

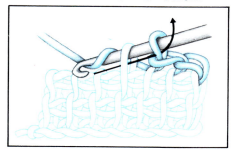

Arbeitsweise für Rechtshänder

Das Abketten ist bei jeder tunesischen Häkelarbeit erforderlich. Dies geschieht in der Hinreihe. In die 1. senkrechte Schlinge stechen, den Faden holen und eine Kettenmasche häkeln, indem der Faden durch beide auf der Nadel befindlichen Maschen gezogen wird.

Arbeitsweise für Linkshänder

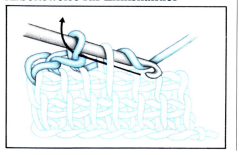

Das Knopfloch bei der tunesischen Häkelei

Arbeitsweise für Rechtshänder

In einer Hinreihe übergeht man je nach der Größe des Knopfloches 3 bis 5 Maschenglieder der Vorreihe, holt also keine Schlingen aus den senkrechten Maschengliedern, und bildet dafür die entsprechende Anzahl, also 3 bis 5 Umschläge auf der Nadel.
Die Reihe normal tunesisch beenden.
In der Rückreihe werden diese Umschläge genauso wie die Schlingen abgemascht.
Aus den Abmaschgliedern über den Umschlägen holt man bei der nächsten Hinreihe wieder die entsprechende Anzahl Schlingen zum Weiterhäkeln heraus.

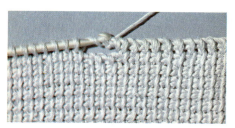

Arbeitsweise für Linkshänder

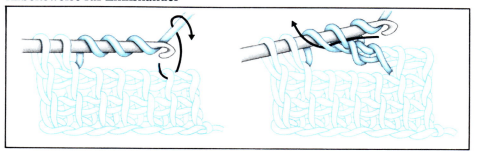

Zunahmen und Abnahmen bei der tunesischen Häkelei

Das Zunehmen innerhalb der Reihe

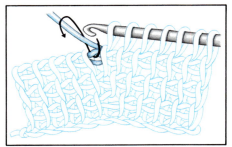

Arbeitsweise für Rechtshänder

Um 1 Masche zuzunehmen, wird in der Hinreihe zwischen 2 senkrechten Maschengliedern der Vorreihe in das waagerecht liegende Abmaschglied des 2. Arbeitsganges eingestochen und in Pfeilrichtung eine Schlinge durchgeholt.
Sollen mehrere Maschen zugenommen werden, sticht man entweder entsprechend oft in das Abmaschglied oder verteilt die Zunahmen auf die Reihe.

Arbeitsweise für Linkshänder

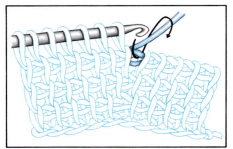

Das Zunehmen am Anfang der Reihe

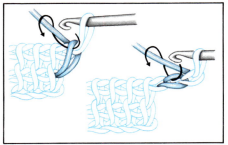

Arbeitsweise für Rechtshänder

In der Hinreihe wird aus der Randmasche, die man sonst übergeht, eine Schlinge geholt.
Sollen mehrere Maschen zugenommen werden, so häkelt man nach dem Abmaschen entsprechend viele Luftmaschen und holt aus diesen in der folgenden Hinreihe die erforderliche Anzahl Schlingen.

Arbeitsweise für Linkshänder

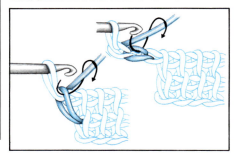

Das Zunehmen am Ende der Reihe

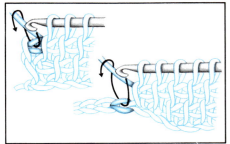

Arbeitsweise für Rechtshänder

Bevor man aus der Randmasche 1 Schlinge holt, wird durch das obere, waagerecht liegende Abmaschglied der Vorreihe 1 Maschenschlinge geholt.
Sollen mehrere Maschen zugenommen werden, so errechnet man die Summe aller zuzunehmenden Maschen und häkelt schon in der Anfangsreihe die entsprechende Anzahl Luftmaschen mehr. Aus ihnen holt man am Ende jeder Hinreihe die erforderliche Anzahl neuer Schlingen oder zieht die Luftmaschenkette bis zur Zunahmereihe hoch.

Arbeitsweise für Linkshänder

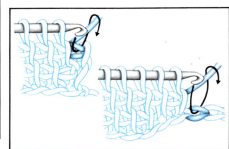

102

Das Abnehmen innerhalb der Reihe

Arbeitsweise für Rechtshänder

Müssen innerhalb der Reihe Maschen abgenommen werden, so holt man in der Hinreihe aus 2 Schlingen nur 1 Schlinge heraus.
Sollen mehrere Maschen abgenommen werden, so zieht man nur 1 Schlinge durch die Anzahl der abzunehmenden Maschen oder verteilt die Abnahmen auf die Reihe.

Arbeitsweise für Linkshänder

Das Abnehmen am Anfang der Reihe

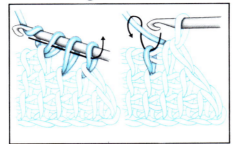

Arbeitsweise für Rechtshänder

Vor dem Abnehmen am Reihenanfang werden in der vorhergehenden Rückreihe die 3 letzten Maschen zusammen abgemascht.
Am Anfang einer Hinreihe nimmt man 1 Masche ab, indem man die Randmasche und das 1. senkrechte Maschenglied der Vorreihe übergeht und die 1. Schlinge aus dem 2. senkrechten Maschenglied holt.
Sollen mehrere Maschen abgenommen werden, so kettet man die entsprechende Anzahl ab.

Arbeitsweise für Linkshänder

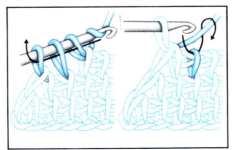

Das Abnehmen am Ende der Reihe

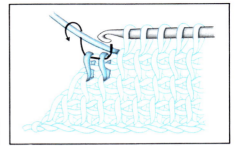

Arbeitsweise für Rechtshänder

Am Ende einer Hinreihe faßt man mit der Häkelnadel die letzten 2 senkrechten Maschenglieder der Vorreihe zusammen und holt aus ihnen 1 Schlinge heraus.
Sollen mehrere Maschen abgenommen werden, läßt man die entsprechenden Schlingen unbearbeitet.

Arbeitsweise für Linkshänder

Tunesische Häkelmuster

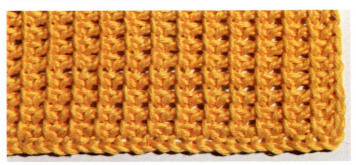 

▲ 1. Hinreihe: aus jeder 2. Luftmasche 1 Schlinge holen, dabei vor jeder Schlinge 1mal umschlagen. Am Ende jeder Hinreihe 1 Luftmasche häkeln, um die Musterhöhe zu erreichen. Abgemascht wird in der Rückreihe jeweils durch 2 Schlingen. 2. Hinreihe und alle folgenden: aus jedem senkrechten Maschenglied der Vorreihe eine Schlinge holen, dabei wieder vor jeder Schlinge 1mal umschlagen, in der Rückreihe durch 2 Schlingen abmaschen.

▼ Den Arbeitsfaden 2mal um die Nadel schlagen, in die viertletzte Luftmasche einstechen, eine Schlinge holen, umschlagen, den Faden durch 2 auf der Nadel liegende Schlingen ziehen (die anderen 3 Schlingen bleiben auf der Nadel). 2mal umschlagen, in die übernächste Luftmasche einstechen, eine Schlinge holen, umschlagen, den Faden durch 2 auf der Nadel befindliche Schlingen ziehen usw. Abgemascht wird in der Rückreihe jeweils durch 2 Schlingen. Zu Beginn jeder Hinreihe für die Höhe 2 Luftmaschen häkeln.

▲ 1. Hinreihe: einfacher tunesischer Häkelstich. 2. Hinreihe und alle folgenden: beim Schlingenholen stets zwischen 2 senkrechten Maschengliedern durchstechen. Abgemascht wird in der Rückreihe jeweils durch 2 Schlingen. Zu beachten ist das erste Einstechen beim Reihenbeginn. Man sticht bei der 2. Hinreihe vor dem 1. senkrechten Glied der Vorreihe ein und bei der 3. Reihe nach dem 1. senkrechten Glied. Am Ende der 2. Reihe wird die letzte Schlinge vor dem letzten senkrechten Glied und bei der 3. Reihe nach dem letzten senkrechten Glied durch das hintere Maschenteil hervorgeholt.

▼ 1. Reihe: aus jeder Masche 1 Schlinge holen. Rückreihe: 3 Luftmaschen, Faden holen und durch 5 Schlingen ziehen. 1 Luftmasche, fortlaufend wiederholen.
2. Reihe: aus dem oberen Maschenglied jeder Muschel 1 Schlinge holen, aus jeder Luftmasche 1 Schlinge holen, fortlaufend wiederholen. Rückreihe und 2. Reihe fortlaufend wiederholen. Das Muster nach Fertigstellung drehen.

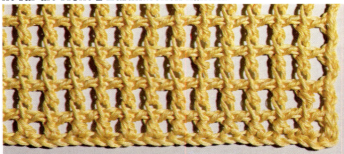 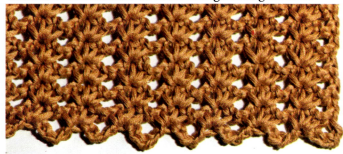

Damenweste in tunesischer Häkelei, Größe 40

Material: 350 g Wolle für eine tunesische Häkelnadel Nr. 4.
Grundmuster: Muster von Seite 104 links oben.
Maschenprobe: 24 Maschen und 15 Reihen ergeben 10 cm im Quadrat.
Arbeitsweise: siehe Schnittzeichnung. Beim Abketten wird statt des Umschlags 1 Luftmasche gehäkelt.
Fertigstellung: die Teile spannen, wie auf Seite 97 beschrieben. Die Seiten- und Schulternähte schließen. Die Weste rundherum mit festen Maschen und der Muschelborte von Seite 95 umhäkeln, dabei manchmal statt 2 auch 3 feste Maschen übergeben.

Die Filethäkelei

Die Filethäkelei ahmt die Netzknüpf- oder Filetarbeit nach. Hierbei werden in einem geknüpften Untergrund einzelne Quadrate in einem zweiten Arbeitsgang durch Ausstopfen ausgefüllt. Bei Filethäkelarbeiten jedoch entstehen die „leeren" und die „vollen" Kästchen in einem Arbeitsgang. Sie werden aus Stäbchen und Luftmaschen gebildet.

Der Anschlag

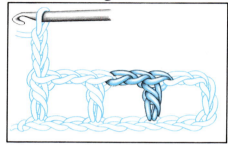

Arbeitsweise für Rechtshänder

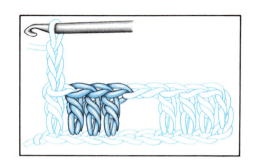

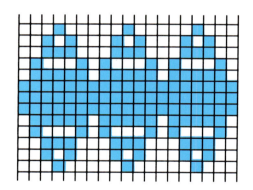

Die »leeren« Kästchen bestehen aus je 1 Stäbchen und 2 Luftmaschen. Das 1. Kästchen nach dem Luftmaschenanschlag besteht aus 7 Luftmaschen. Die Reihe endet mit 1 Stäbchen. Zum Wenden werden 3 Luftmaschen gehäkelt, man benötigt also 5 Luftmaschen für das 1. leere Kästchen der nächsten Reihe.

Die »vollen« Kästchen bestehen aus je 3 Stäbchen. Nach dem Anschlag werden zusätzlich 3 Luftmaschen zum Wenden gearbeitet. Am Ende der Reihe wird zusätzlich 1 Stäbchen gehäkelt und zum Wenden 3 Luftmaschen.

Filethäkelarbeiten werden nach Zählmustern hergestellt. Es können vorhandene Kreuzstichmuster oder eigene, auf Kästchenpapier entworfene Muster als Vorlage dienen.
Als Garn kann je nach Verwendungszweck dünneres, aber auch dickeres Baumwollgarn verwendet werden. Man häkelt in hin- und hergehenden Reihen.

Arbeitsweise für Linkshänder

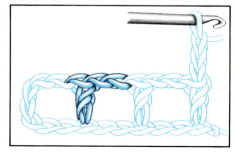

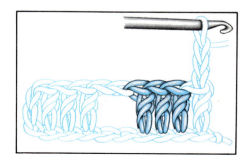

106

Filethäkelspitze

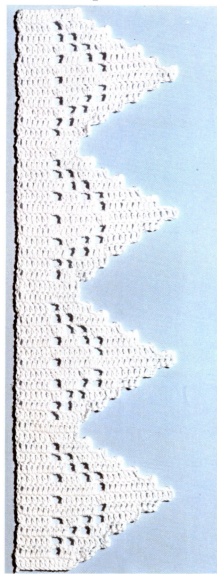

Spitzen in Filethäkelei sind vielseitig verwendbar. Sie werden zur Verschönerung von Kantenabschlüssen an Handtücher, Decken, Taschentücher, als Passe an Sommerkleider und Nachthemden genäht. Aus gröberen Garnen gearbeitete Spitzen sind beliebt als Dekoration für Schrankfächer und Regale.

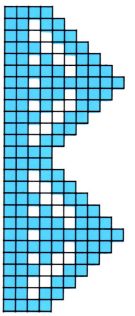

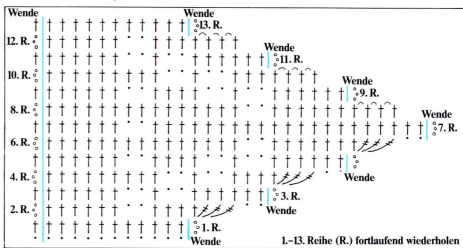

1.–13. Reihe (R.) fortlaufend wiederholen

Zunahmen und Abnahmen bei der Filethäkelei

Das Zunehmen am Anfang der Reihe bei leeren Kästchen

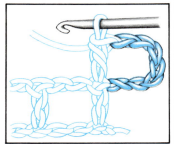

Arbeitsweise/Rechtshänder
Man häkelt am vorhergehenden Reihenende die entsprechende Anzahl Luftmaschen mehr, für jedes Kästchen 3 Luftmaschen, für das Randkästchen 7 Luftmaschen. Nach dem Wenden wird auf den zugenommenen Luftmaschen die vorgeschriebene Zahl neuer Kästchen gehäkelt.

Arbeitsweise für Linkshänder

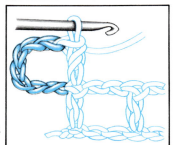

Das Zunehmen am Ende der Reihe bei leeren Kästchen

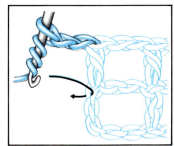

Arbeitsweise für Rechtshänder
Man häkelt am Reihenende 2 Luftmaschen mehr und arbeitet ein 3faches Stäbchen in die letzte Einstichstelle. Jedes weitere Kästchen wird genauso gearbeitet; als Einstichstelle werden aber die Abmaschglieder des 3fachen Stäbchens nach dem 2. Abmaschen benutzt.

Arbeitsweise für Linkshänder

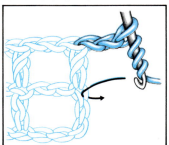

Das Zunehmen am Anfang der Reihe bei vollen Kästchen

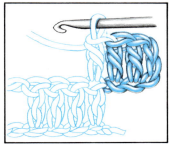

Arbeitsweise für Rechtshänder

Für jedes zuzunehmende Kästchen 3 Luftmaschen häkeln. Als Ersatz für das 1. Stäbchen weitere 3 Luftmaschen häkeln, wenden und in jede der zugenommenen Luftmaschen Stäbchen häkeln.

Arbeitsweise für Linkshänder

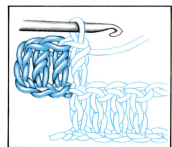

Das Zunehmen am Ende der Reihe bei vollen Kästchen

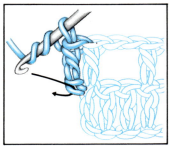

Arbeitsweise für Rechtshänder
Am Reihenende werden volle Kästchen durch doppelte Stäbchen gebildet. Man arbeitet das 1. Doppelstäbchen in die Einstichstelle des letzten Stäbchens und jedes weitere Doppelstäbchen in die 1. Abmaschschlinge des vorhergehenden Doppelstäbchens.

Arbeitsweise für Linkshänder

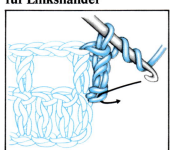

Das Abnehmen am Anfang der Reihe bei leeren Kästchen

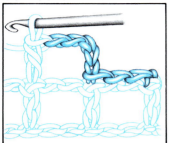

Arbeitsweise für Rechtshänder

Mit 1 Luftmasche die Arbeit wenden, auf den Maschengliedern der Vorreihe bis zum Anfang der neuen, verkürzten Reihe Kettenmaschen arbeiten, dann 5 Luftmaschen als 1. Kästchen häkeln. 1 Stäbchen in das folgende Stäbchen der Vorreihe, 2 Luftmaschen usw.

Arbeitsweise für Linkshänder

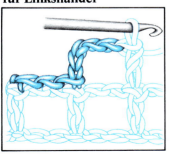

Das Abnehmen am Ende der Reihe bei leeren Kästchen

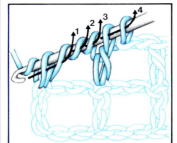

Arbeitsweise für Rechtshänder

Man häkelt auf das vorletzte Stäbchen der Vorreihe 1 Stäbchen, das bis auf 2 Maschen abgemascht wird und dann 1 in das letzte Stäbchen. Jetzt dieses lange Stäbchen laut Zeichnung abmaschen.

Arbeitsweise für Linkshänder

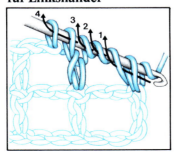

Das Abnehmen am Anfang der Reihe bei vollen Kästchen

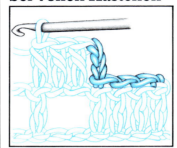

Arbeitsweise für Rechtshänder

Mit 1 Luftmasche wenden, auf den Maschengliedern der Vorreihe bis zum Anfang der neuen verkürzten Reihe Kettenmaschen arbeiten. Für das 1. Stäbchen der neuen Reihe werden 3 Luftmaschen gehäkelt.

Arbeitsweise für Linkshänder

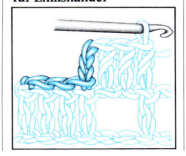

Das Abnehmen am Ende der Reihe bei vollen Kästchen

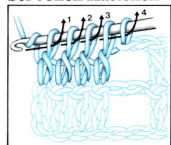

Arbeitsweise für Rechtshänder

Man häkelt auf dasjenige Stäbchen der Vorreihe, mit dem die neue verkürzte Reihe beginnen soll, in jede folgende Masche je 1 Stäbchen, das bis auf 1 Schlinge abgemascht wird. Die auf der Nadel befindlichen Schlingen werden laut Zeichnung abgemascht.

Arbeitsweise für Linkshänder

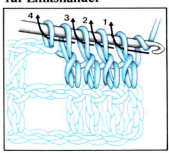

Die Eckbildung bei der Filethäkelei

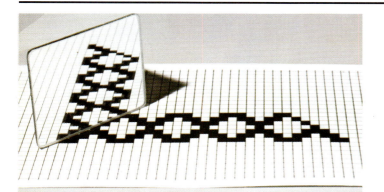

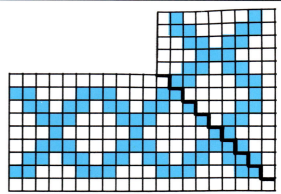

Zunächst muß für das entworfene oder vorhandene Muster, falls keine Eckbildung vorgegeben ist, mit Hilfe eines ungerahmten Spiegels die Eckbildung festgelegt werden. Der Spiegel wird genau auf der Diagonalen so lange hin- und hergeschoben, bis sich eine harmonische Lösung ergibt.

Dieses Muster überträgt man dann mit einer 2. Farbe auf Kästchenpapier, in welches man bereits das Muster bis zur Diagonalen eingezeichnet hat.

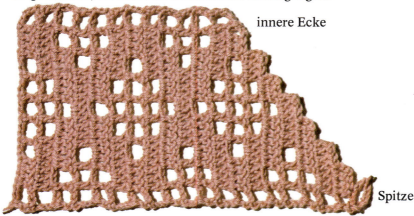

innere Ecke

Spitze

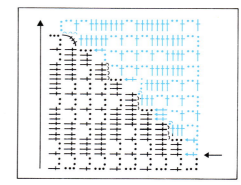

Hat man die innere Ecke erreicht, so häkelt man nun jede Reihe um 1 Kästchen verkürzt.

Hat man die Spitze erreicht, so verfährt man, wie auf Seite 52 beim Zunehmen erklärt, verbindet aber jeweils in der Hinreihe die letzte Masche mit der Eckmasche des bereits Gehäkelten durch eine Kettenmasche. Der Pfeil bei den Stäbchen gibt die jeweilige Einstichstelle an und bezeichnet ab der 4. Reihe die Rückreihe, da jeweils nach diesem Stäbchen die Arbeit gewendet wird.

111

Gardine

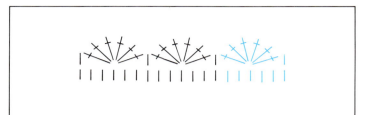

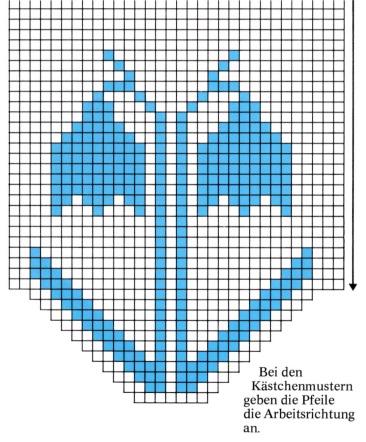

Material: 250 g weißes Baumwollgarn für Häkelnadel Nr. 2,5 oder 3.

Größe: 112 cm x 62 cm.

Arbeitsweise: 132 Luftmaschen anschlagen. 3 Reihen leere Kästchen in Filettechnik, dann weiter nach Kästchenmuster die Blumen arbeiten. Je nach gewünschter Breite das Blumenmotiv wiederholen.

Fertigstellung: für die obere Kante wie folgt häkeln:
1. Reihe: Stäbchen,
2. Reihe: 4fache Stäbchen mit 2 Luftmaschen im Wechsel,
3. Reihe: feste Maschen,
4. Reihe: Muschelborte nach Häkelschrift arbeiten.

Die Gardine, wie im Kapitel Tips beschrieben, spannen.

Bei den Kästchenmustern geben die Pfeile die Arbeitsrichtung an.

Einkaufstasche

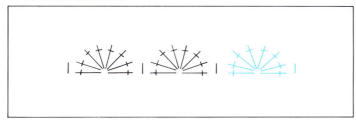

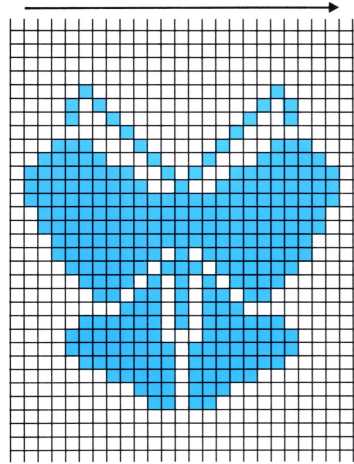

Material: 150 g geflammte Baumwolle für Häkelnadel Nr. 3,5.
Größe: 34 cm x 45 cm.
Arbeitsweise: 75 Luftmaschen anschlagen. 12 Reihen leere Kästchen in Filettechnik arbeiten, dann weiter nach Kästchenmuster den Schmetterling häkeln. 24 Reihen leere Kästchen arbeiten, den Schmetterling gegengleich häkeln und mit 12 Reihen leeren Kästchen enden.
Fertigstellung: das gehäkelte Teil spannen (siehe Kapitel Tips). Die Schmetterlinge aufeinanderlegen und an den Seiten jeweils 2 feste Maschen um die Luftmaschen beider Hälften häkeln. In der Rückreihe Muscheln nach Häkelschrift arbeiten. Am oberen Rand 3 Runden feste Maschen häkeln, dabei in der 1. Runde jeweils 2 feste Maschen um die Luftmaschen der Vorreihe und 1 feste Masche ins Stäbchen.
Für die Henkel werden 5 feste Maschen in hin- und hergehenden Reihen gearbeitet, 30 cm lang. Um den Henkeln mehr Festigkeit zu geben, werden diese Streifen noch einmal rundherum mit festen Maschen umhäkelt. Die Henkel entsprechend annähen.

Borten und Spitzen

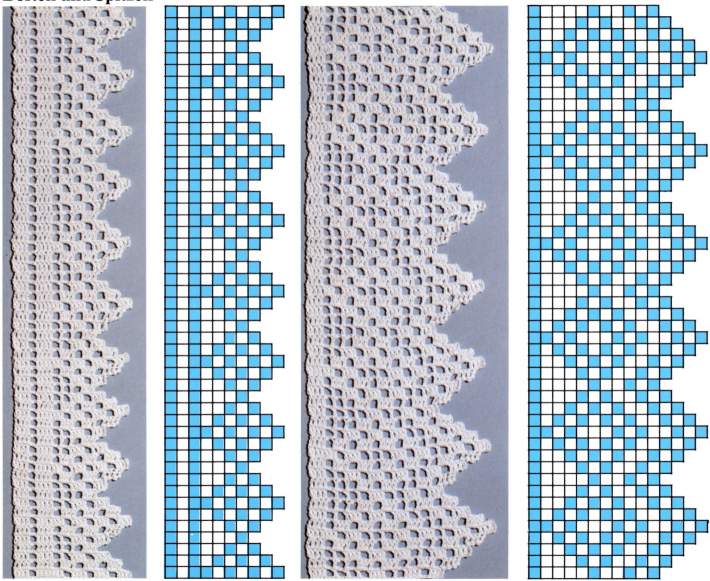

114

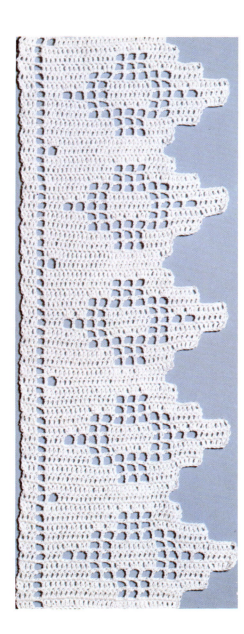 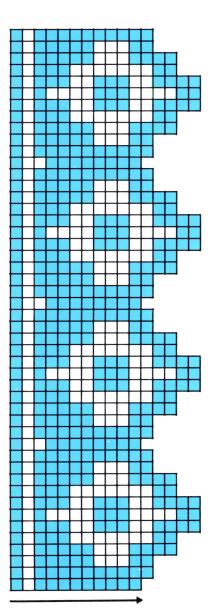

Jede der hier abgebildeten Spitzen kann noch verändert werden. Man kann sie breiter oder schmäler auf Kästchenpapier aufzeichnen, um sie dann nach dieser neuen Vorlage zu häkeln. Die beiden Spitzen auf Seite 114 geben ein Beispiel dafür.
Eine andere Möglichkeit, diese vorhandenen Muster abzuändern, ist, die leeren Kästchen in volle Kästchen umzuwandeln und die vollen in leere Kästchen. Dadurch erhält man ein ganz neues Muster mit einer anderen Wirkung.

Quadratische Topflappen

Material: je 50 g Topflappengarn in Weiß, Ocker und Dunkelbraun, Häkelnadel Nr. 4.
Größe: 18 x 18 cm.
Farbfolge: ocker, weiß, dunkelbraun.
Arbeitsweise: 36 Luftmaschen anschlagen.
1. Reihe: 3 Stäbchen, 3 Luftmaschen im Wechsel.
2. Reihe: 3 Luftmaschen, 3 Stäbchen in die Luftmaschen der vorletzten Reihe im Wechsel.
3. Reihe: 3 Stäbchen in die 3 Stäbchen der vorletzten Reihe, 3 Luftmaschen im Wechsel.
4. Reihe: 3 Luftmaschen, 3 Stäbchen in die Stäbchen der vorletzten Reihe im Wechsel.
3. und 4. Reihe fortlaufend wiederholen.
Fertigstellung: Das Quadrat mit 2 Runden festen Maschen umhäkeln, dabei an einer Ecke für die Öse bei der 1. Runde 15 Luftmaschen arbeiten. In der 2. Runde um diese Luftmaschen feste Maschen häkeln.

Umhängetasche

Material: 50 g Bändchenwolle weiß, 50 g rosé, 100 g brombeer, Häkelnadel Nr. 5.
Größe: 22 cm x 24 cm.
Grundmuster: feste Maschen.
Farbfolge: jeweils 2 Reihen brombeer, rosé und weiß.
Arbeitsweise: 30 Luftmaschen anschlagen.
Es wird mit 8 Reihen festen Maschen in Brombeer begonnen, dann 5mal die Farbfolge und 2 Reihen in Brombeer. Die Mitte ist erreicht. Die 2. Hälfte gegengleich arbeiten und mit 8 Reihen in Brombeer beenden.
Fertigstellung: 170 Maschen für den Träger anschlagen, darauf feste Maschen arbeiten: je 1 Reihe in Brombeer, Rosé, Brombeer. Die Taschenteile aufeinanderlegen, und die Träger auf beiden Seiten mit festen Maschen einhäkeln.

Ovaler Teppich

Material: Knüpfwolle als Strangware in 5 abgestuften Farben, Häkelnadel Nr. 9.
Farbe 1: 200 g, Farbe 2: 350 g, Farbe 3: 500 g, Farbe 4: 750 g, Farbe 5: 1150 g.
Größe: 145 cm x 235 cm.
Grundmuster: feste Maschen, es wird jeweils ins hintere Maschenglied eingestochen.
Farbfolge: 5 Runden Farbe 1, 7 Runden Farbe 2, 1 Runde Farbe 1, 9 Runden Farbe 3, 1 Runde Farbe 2, 11 Runden Farbe 4, 1 Runde Farbe 3, 13 Runden Farbe 5.
Arbeitsweise: 40 Luftmaschen anschlagen.

1.–3. Runde: siehe Häkelschrift im Kapitel Formenhäkeln.
Ab der 4. Runde wird wie folgt zugenommen:
4. Runde: rechts und links der Mittelmasche beider Halbkreise 1 Masche zunehmen.
5. Runde: zu Beginn und am Ende beider Halbkreise jeweils 1 Masche zunehmen.
6. Runde: 4 Maschen verteilt pro Halbkreis zunehmen.
4.–6. Runde fortlaufend wiederholen.
Es werden also im fortlaufenden Wechsel pro Runde 4 Maschen, 4 Maschen, 8 Maschen zugenommen. Jede Runde wird mit einer Kettenmasche geschlossen.

Decke aus Wollresten

Material: etwa 1100 g Wollreste gleicher Stärke, eine der Wolle entsprechende Häkelnadel.
Größe: 110 cm x 175 cm.
Grundmuster: 1 Reihe Stäbchen, 1 Reihe feste Maschen in einer Farbe im Wechsel.
Farbfolge: von der Mitte ausgehend auf jeder Seite die gleichen Farben wählen.
Arbeitsweise: 185 Luftmaschen anschlagen.
An jede Seite des Luftmaschenanschlages 1 Reihe Stäbchen und 1 Reihe feste Maschen in gleicher Farbe arbeiten, im Grundmuster weiter.
Fertigstellung: Die Decke wird rundherum mit einem flauschigen Garn mit festen Maschen umhäkelt.

Kniedecke

Material: 600 g Wolle in Beige, 200 g Wolle in Ocker, Häkelnadel Nr. 4
Größe: 120 x 80 cm. *Grundmuster:* siehe Häkelschrift.
Farbfolge: siehe Foto.
Arbeitsweise: 148 Luftmaschen anschlagen und nach der Häkelschrift das Grundmuster arbeiten. Der äußere Rand wird rundherum mit einer Muschelborte nach Häkelschrift umhäkelt.

Kissen

Material: 300 g Wolle in Braun, 100 g Wolle in Orange, Häkelnadel Nr. 3,5.
Größe: 60 x 45 cm.
Grundmuster: siehe Häkelschrift.
Farbfolge: siehe Foto.
Arbeitsweise: 82 Luftmaschen anschlagen und nach der Häkelschrift das Grundmuster arbeiten. Dann die beiden Kissenplatten aufeinanderlegen und an einer Kante mit festen Maschen zusammenhäkeln. Die anderen Kanten mit einer Muschelborte nach Häkelschrift umhäkeln.

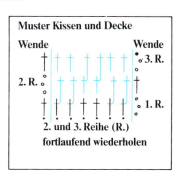

Muster Kissen und Decke
2. und 3. Reihe (R.) fortlaufend wiederholen

Borte Decke

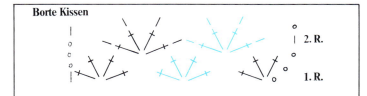

Borte Kissen

Teil 3

STICKEN

von Ute Werner

Einleitung

Dieses Kapitel beabsichtigt, eine breite Anhängerschaft der »Stickwilligen« anzusprechen. Es baut sich auf von den einfachsten Linienstichen bis zu Durchbruchstickerei.

Anfänger sollten unbedingt mit den ersten Stichen (zum Beispiel Vorstich) beginnen, um mit Technik und Material schnell vertraut zu werden. Die angegebenen Gewebe sind alle grob bis mittelgrob, so daß die Gewebefäden zählbar sind.

Das Buch berücksichtigt das Handwerkliche als auch das Künstlerische in der Stickerei, so daß jedem Geschmack Rechnung getragen wird.

Neben Fantasie, Geduld und Freude am Sticken ist richtiges Material und Werkzeug Voraussetzung für ein gutes Gelingen.

Werkzeug

Sticknadeln
Sticknadeln haben ein großes Öhr zum Einfädeln. Sticknadeln gibt es mit und ohne Spitze. Für gröbere Gewebe, wie in diesem Buch verwendet, sind nur stumpfe Nadeln geeignet. Dadurch wird verhindert, daß man in die Gewebefäden oder sogar in den Arbeitsfaden einsticht.

Schere
Sie sollte klein, spitz und scharf sein, damit die Stick- und Gewebefäden exakt abgeschnitten werden können.

Stickrahmen
Um ein Verziehen des Gewebes zu vermeiden, vor allem bei größeren Arbeiten, sollte man einen Stickrahmen verwenden. Er wird in verschiedenen Größen und Ausführungen angeboten.

Musterentwürfe
Auf Karopapier können mit Blei- und Buntstiften eigene Muster entworfen werden. Zur Übertragung der Bilderentwürfe benutzt man Kopierpapier und Pappe für Schablonen.

Fertigstellen der Objekte
Zum Arbeiten der Nähte und Säume braucht man Stecknadeln, Nähnadeln, Heftfaden und Nähfaden.

Spannen der Stickarbeit
Zum Spannen benötigt man ein Holzbrett, ein Tuch und rostfreie Nägelchen.

Stickgarne

Perlgarn
Perlgarn ist ein sehr fest gedrehtes (gezwirntes) Stickgarn aus 100% Baumwolle, das durch eine spezielle Behandlung (merzerisieren) einen waschechten Glanz und eine erhöhte Festigkeit erhält. Es kann sehr heiß gewaschen und gebügelt werden. Perlgarn gibt es in drei Stärken.

Perlgarn Nr. 3,
passende Sticknadel Nr. 18.
Verwendung: für grobe Handarbeitsstoffe aus Leinen, Baumwolle, Mischgewebe und Jute.

Perlgarn Nr. 5,
passende Sticknadel Nr. 20.
Verwendung: für mittelgrobe Handarbeitsstoffe aus Leinen, Baumwolle und Mischgewebe; zum Beispiel Aida, Kongreßstoff.

Perlgarn Nr. 8,
passende Sticknadel
Nr. 22.
Verwendung: für feinere Gewebe aus Leinen, Halbleinen und Baumwolle.

Perlgarn wird aus
2 gesponnenen
Fäden fest
zusammen-
gedreht
(gezwirnt).

Öffnen der Perlgarnsträngchen
Man dreht das zusammengelegte Strängchen auf und schneidet es an der Stelle mit dem kleinen Knötchen durch. So erhält man die ideale Länge von etwa 90 bis 100 cm für 1 Arbeitsfaden. Ein zu langer Stickfaden würde durch das häufige Durchziehen durch den Stoff beschädigt werden. Auch entstehen dabei gerne Verschlingungen, die oft mühselig zu beseitigen sind.

Sticktwist
Sticktwist ist merzerisiert und besteht aus 100% Baumwolle; es kann heiß gewaschen (95° C) und gebügelt werden.

Dieses Garn besteht aus 6 feinen Fäden, die lose zusammengefügt sind. Um den Stickfaden der Stärke des Gewebes anzupassen, kann man dieses Garn teilen. Somit ist der Sticktwist für fast alle Gewebe verwendbar.

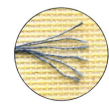

Mattstickgarn
Mattstickgarn ist ohne Glanz und aus 4 dünn gesponnenen Fäden lose zusammengedreht (gezwirnt). Es

besteht aus 100% Baumwolle und eignet sich für alle mittelgroben bis groben Gewebe aus Naturfasern oder Materialmischungen.

Stickfadenlänge
Die Sticktwist- und Mattstickgarnsträngchen lassen sich nicht öffnen wie beim Perlgarn. Man beläßt hier die Banderolen, sucht den inneren Anfangsfaden, zieht ihn ungefähr 90 cm heraus und schneidet ihn ab. Dabei muß man das Strängchen locker festhalten.
Wie teilt man Sticktwist? Die wegzunehmenden und die gewünschten Fäden festhalten und *langsam* auseinanderziehen. Sollte es durch zu schnelles Auseinanderziehen nicht mehr weitergehen, so strafft man den unteren Faden.

Stickgewebe

Wer gerne stickt, investiert in der Regel viel Liebe und Zeit in diese Arbeit. Wie schade wäre es, wenn bei Benutzung oder Pflege dieses »Schmuckstück« unansehnlich würde, weil mangelhafte Qualität verwendet wurde. Es ist daher empfehlenswert, nur gutes Material, auch für die ersten Stickereien, zu kaufen. Folgende Abbildungen und Beschreibungen sollen helfen, die richtige Auswahl treffen zu können.

In diesem Buch sind in erster Linie mittelgrobe bis grobe leinenbindige Gewebe aus Naturfasern angegeben, die das Abzählen der Gewebefäden leicht machen.

Aida: Aida besteht aus 100% Baumwolle. Durch eine besondere Webtechnik entstehen kleine Kästchen, die das Zählen vereinfachen. Er ist deshalb für Anfänger und vor allem beim Kreuzstich besonders geeignet. Passendes Stickgarn hierzu ist Perlgarn Nr. 5 oder ungeteilter Sticktwist. Gestickt wird am besten mit einer Sticknadel Nr. 20 ohne Spitze.

Kongreßstoff: Er wird auch Camilla genannt und besteht aus 100% Baumwolle. Die Abstände der einzelnen Gewebefäden sind sehr weit. Durch eine Appretur ist das Gewebe relativ steif und franst deshalb nicht so schnell aus. Diese Eigenschaften machen den Kongreßstoff zu einem beliebten Lehrstoff. Passendes Stickgarn ist Perlgarn Nr. 5, auch Mattstickgarn. Gestickt wird mit einer Sticknadel Nr. 20 ohne Spitze.

Grober Zählstoff: Er wird aus 100% Baumwolle in vielen hellen und dunklen Farben angeboten. Die Gewebefäden sind gut sichtbar und lassen sich deshalb leicht zählen. Damit ist dieser Stoff für fast jede Stickart geeignet, von den einfachsten Linienstichen, dem Kreuzstich bis zu den Durchbrucharbeiten. Das passende Stickmaterial ist Perlgarn Nr. 5 oder ungeteilter Sticktwist und eine Sticknadel Nr. 20 ohne Spitze. Der grobe Zählstoff eignet sich besonders für Anfänger.

Feiner Zählstoff: Er wird auch Schülertuch genannt und hat die gleichen Eigenschaften wie der grobe Zählstoff. Da die Gewebefäden feiner sind, eignet sich dieser Stoff nicht so gut für den Anfänger oder für Ungeduldige.
Das passende Stickmaterial ist Perlgarn Nr. 8 oder 3fädiger Sticktwist und eine Sticknadel Nr. 22 ohne Spitze.

Flockenbast: Er besteht aus Leinen, das aus dem Stengel des Flachses schon vor 3000 v. Chr. gewonnen wurde. Der Spinnfaden ist ungebleicht und ungefärbt (durch Waschen wird das Gewebe heller).
Flockenbast ist ein sehr rustikales und strapazierfähiges Gewebe. Die Gewebefäden liegen dicht beieinander und lassen sich gut zählen und ausziehen. Dieser Stoff ist deshalb für sehr viele Handarbeiten zu verwenden.
Er wird auch oft als Mischgewebe, wie beispielsweise aus 70% Viskose und 30% Leinen angeboten.
Passendes Stickgarn ist Perlgarn Nr. 5, gearbeitet wird mit einer Sticknadel Nr. 20 ohne Spitze.

Rupfen: Der Gewebefaden ist aus dem Stengel der aus Indien stammenden Jute hergestellt und gehört somit, wie Leinen und Baumwolle, zu den pflanzlichen Fasern.
Rupfen ist sehr grob gewebt. Die Zwischenräume der Gewebefäden und die Gewebefäden selbst sind unregelmäßig. Dadurch entsteht der rustikale Charakter des Stoffes. Rupfen kann man je nach Geschmack für Schulter- und Einkaufstaschen, Turnbeutel und Lampenschirme verwenden. Er ist preiswert und wird in der Regel in Natur, Beige, Braun oder Rost angeboten.
Passendes Stickmaterial ist Mattstickgarn oder Perlgarn Nr. 3, gestickt wird mit einer Sticknadel Nr. 18 ohne Spitze.

Grobes Siebleinen: Für eine besonders wertvolle Stickarbeit ist dieses Gewebe aus 100% Leinen (Flachs) empfehlenswert. Es vereinigt Festigkeit und Eleganz. Siebleinen wird in der Regel in vielen Pastellfarben angeboten. Besonders reizvoll sind die Stickereien, bei denen die Stickgarnfarbe der Stofffarbe entspricht (Ton in Ton) oder innerhalb der gleichen Farbpalette abgestuft verwendet wird; dies ist vor allem für die Schweizer Zierstiche (auch Ajourstickerei genannt) typisch. Passendes Stickmaterial sind Perlgarn Nr. 5 und ungeteilter Sticktwist, gestickt wird mit einer Sticknadel Nr. 20 ohne Spitze.

Feines Siebleinen: Es wird auch Grasleinen oder Käseleinen genannt und besteht wie das Grobleinen ebenfalls aus 100% Leinen, es hat auch alle bereits erwähnten Eigenschaften. Dieses zarte Gewebe findet vor allem für Deckchen und Decken aller Art Verwendung. Passendes Stickmaterial ist Perlgarn Nr. 8 oder 3- bis 4fädiger Sticktwist.
Leinengewebe erkennt man an den typisch verdickten Stellen einzelner Gewebefäden. Es fühlt sich relativ hart an und knittert leicht. Leinen läßt sich sehr heiß waschen. Beim Bügeln – und das sollte immer feucht erfolgen – wird es steif. Stärken ist also nicht unbedingt nötig.

Der Stoff oder das Gewebe

Unsere Stoffe werden gewebt, deshalb nennt man sie auch Gewebe. Ein Gewebe besteht aus Längsfäden (Kettfäden) und Querfäden (Schußfäden). Kreuzen sich Kett- und Schußfaden beim Weben, so entsteht ein Fadenkreuz.

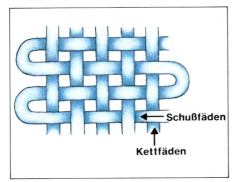

Das Kreuzen der Fäden nennt man Bindung. Die älteste ist die Leinwand- oder Leinenbindung.

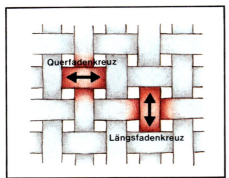

Sie ist gleichzeitig auch die einfachste und die festeste Bindung und eignet sich bestens für fast alle Stickereien.

So entsteht ein Gewebe in Leinwandbindung: Nach dem Spannen der Kettfäden wird der Schußfaden mit Hilfe eines »Schiffchens« (A) abwechselnd über und unter einen Kettfaden gelegt oder anders gesagt, das Schiffchen faßt einen Faden auf, einer bleibt liegen = *eins fassen – eins lassen.*

Webstich

Wie der Name schon sagt, gleicht der Webstich dem Weben. Er ist sehr einfach und kann bereits von den Jüngsten gearbeitet werden. Für sie kann der Stich mit einem Schiff (= Nadel) auf Wellen (= Gewebefaden) verglichen werden: *Auf* und *Ab;* das bedeutet einen Faden fassen, einen liegenlassen. Dabei muß immer der tiefer liegende Gewebefaden aufgefaßt werden, während der andere unter der Sticknadel liegen bleibt.

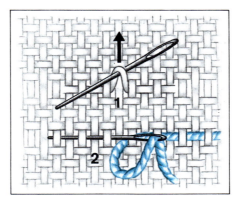

Arbeitsweise
Gearbeitet wird von rechts nach links. Linkshänder arbeiten entsprechend von links nach rechts.
An der gewünschten Stelle wird ein Gewebefaden mit der Sticknadel herausgezogen (**1**).
Diesen ersetzt man durch farbiges Stickgarn (**2**) mit der bereits oben beschriebenen Wellenbewegung: den kürzeren und tiefer liegenden Gewebefaden auffassen, den nächsten längeren liegen lassen = ein Fädchen fassen, ein Fädchen lassen.

Rückseite
Die Rückseite sieht beim Webstich genauso wie die Vorderseite aus. Da der Stich sehr fest im Gewebe liegt, können Anfangs- und Endfäden am Stoffrand abgeschnitten werden.

Was tun bei Fehlern?
Man sollte nach einigen Stichen immer Vorder- und Rückseite überprüfen, ob Fehler aufgetreten sind. Bei kritischem Betrachten fällt ein größer geratener oder schräger Stich leicht ins Auge. Ist fehlerhaft gestickt worden, kann man den ganzen Faden leicht wieder herausziehen und neu beginnen. Dabei muß man aufpassen, daß die Geweberänder nicht ausfransen.
Möchte man jedoch nur einige Stiche aufziehen, nimmt man den Stickfaden aus dem Nadelöhr, sticht mit der Sticknadel jeweils unter den Stich und zieht den Stickfaden aus dem Stoff. Man sollte nie mit der eingefädelten Nadel zurückstechen.

Anwendungsmöglichkeiten
Schon Kinder ab etwa 6 Jahren können Buchzeichen, Briefkarten und Deckchen sticken. Der Webstich eignet sich auch, wenn man Behälter verkleiden und schmücken möchte.
Für die abgebildete Schreibtischgarnitur werden zuerst Toilettenpapierrollen und der Pappuntersetzer in den gewünschten Größen zugeschnitten. Danach den Rupfen mit etwa 2 bis 5 cm Zugabe für die Umschläge zuschneiden. Nachdem die Borten mit Mattstickgarn gestickt sind, alle Kanten mit der Nähmaschine versäubern und nur die Umschläge mit Textilklebstoff versehen. Die Stoffkanten stoßen bei den Rollen hinten exakt aneinander.

Buchzeichen aus Kongreßstoff mit Perlgarn Nr. 5. Die Endfäden sind zu einem Zöpfchen geflochten.

Vorstich

Die recht einfache Arbeitsweise des Vorstiches ist der des Webstiches sehr ähnlich. Der Vorstich wird ebenfalls immer in einer Richtung *vor*wärts gestickt. Hierbei wird kein Gewebefaden ausgezogen, sondern zwischen 2 Schußfäden gerade gearbeitet.

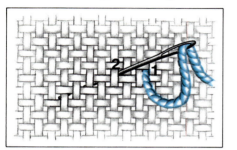

Arbeitsweise für Rechtshänder
Gearbeitet wird von rechts nach links. Von der Rückseite des Stoffes zur Vorderseite ausstechen – Ausstich – (**1**), dabei das Fadenende 6 bis 8 cm auf der Rückseite hängen lassen. Dann

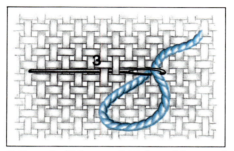

2 Gewebefäden nach links zählen und in den Stoff von der Vorderseite einstechen – Einstich – (**2**). Gleichzeitig 2 Gewebefäden auf die Nadel fassen und wieder ausstechen (**3**).

Den Faden dann durchziehen, bis er locker auf dem Gewebe aufliegt.
In Kurzform kann man sagen: 2 fassen, 2 lassen.

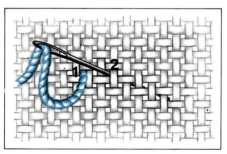

Arbeitsweise für Linkshänder
Gearbeitet wird von links nach rechts. Von der Rückseite des Stoffes zur Vorderseite ausstechen – Ausstich – (**1**), dabei das Fadenende 6 bis 8 cm auf der Rückseite hängen lassen. Dann

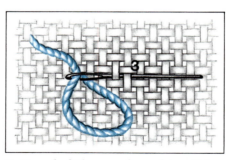

2 Gewebefäden nach rechts zählen und in den Stoff von der Vorderseite einstechen – Einstich – (**2**). Gleichzeitig 2 Gewebefäden auf die Nadel fassen und wieder ausstechen (**3**).

Den Faden dann durchziehen, bis er locker auf dem Gewebe aufliegt.
In Kurzform kann man sagen: 2 fassen, 2 lassen.

Rückseite

Vorder- und Rückseite sehen wie beim Webstich gleich aus.

Beim Vorstich, wie auch bei allen folgenden Stichen, müssen Anfangs- und Endfäden vernäht werden, damit die Stickerei sich nicht auflösen kann. Hierfür zieht man den End- und Anfangsfaden 5- bis 8mal schlangenähnlich durch die Stiche auf der Rückseite. Dies sollte nur in einer Richtung ausgeführt werden und auf der Stickreihe, die mit dem Faden auch gestickt wurde.

Was tun bei Fehlern?

Sollte man sich einmal verzählt haben, oder ist man aus sonstigen Gründen mit seiner Arbeit nicht zufrieden, so zieht man den entsprechenden Stickfaden einfach heraus.

Möchte man nur ein paar Stiche auslösen, so nimmt man zunächst den Arbeitsfaden aus dem Öhr und zieht mit der Nadel Stich für Stich auf. Auch bereits vernähte Fäden werden auf diese Weise wieder aufgezogen.

Was tun, wenn der Arbeitsfaden zu Ende ist?

Der Endfaden wird auf der Rückseite vernäht. Mit dem neuen Faden beginnt man 2 Gewebefäden vom letzten Stich entfernt. Von der Rückseite her nach vorne ausstechen. Der Neubeginn ist mit einer 2. Farbe dargestellt.

Borte

Eine Borte ist ein Muster, das von der Mitte aus nach oben und unten sich in Stich, Farbe und Abstand gleichmäßig wiederholt. Die unten abgebildete Borte mit nur 3 Farben zeigt die vielfältigen Möglichkeiten des Vorstiches. Die Stiche sind über 3 Fäden gearbeitet. In der Mitte (gelb) ist der Vorstich einreihig versetzt. Darüber und darunter folgen 2 Reihen Vorstiche (rot), durch die gelbe Fäden gegenläufig durchgezogen sind. Den Abschluß bilden 4 Reihen (blau) ohne Zwischenraum.

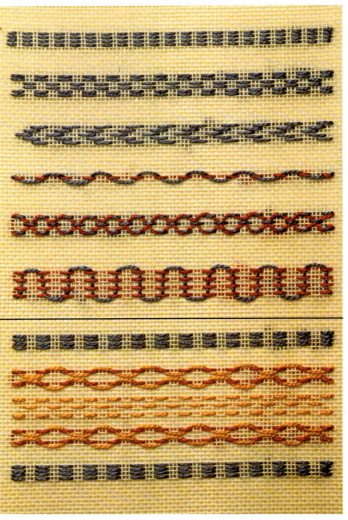

Variationen mit dem Vorstich (oben): Man kann die Stichgröße bis etwa 4 Gewebefäden verändern. Der Vorstich ist auch eine Art Hilfsstich, durch den man anschließend andere Stickfäden hindurchziehen kann.
Material: Kongreßstoff und Perlgarn Nr. 5.

Steppstich

Beim Steppstich liegen die Stiche dicht beieinander. Durch Zurückstechen werden die Zwischenräume ausgefüllt. Man nennt den Stich deshalb auch Rückstich. Er wird nicht nur als Zierstich, sondern auch als Nutzstich (Naht) angewendet.

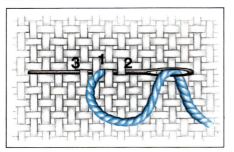

Arbeitsweise für Rechtshänder
Die Arbeitsrichtung ist immer von rechts nach links. 2 Gewebefäden vom eigentlichen Rand nach links zählen, von der Unterseite zur Oberseite ausstechen (**1**). Diese 2 Gewebefäden wie-

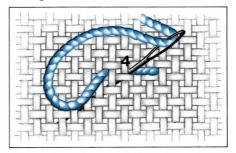

der nach rechts zurückzählen, einstechen (**2**). Die doppelte Anzahl, also 4 Gewebefäden nach links zählen und auf die Nadel fassen, ausstechen (**3**). Von dieser Ausstichstelle zurückgehen bis zu der 1. Ausstichstelle, einstechen

(**4**) und die doppelte Anzahl der Gewebefäden, also 4, auf die Nadel fassen, ausstechen usw. In Kurzform gesagt: 2 Fäden zurück, 4 Fäden vor. Statt 2 kann man auch 3 oder 4 Gewebefäden nehmen.

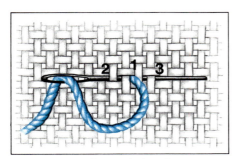

Arbeitsweise für Linkshänder
Die Arbeitsrichtung ist immer von links nach rechts. 2 Gewebefäden vom eigentlichen Rand nach rechts zählen, von der Unterseite zur Oberseite ausstechen (**1**). Diese 2 Gewebefäden wieder nach links zurückzählen, ein-

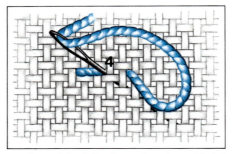

stechen (**2**). Die doppelte Anzahl (**4**) Gewebefäden nach rechts zählen und auf die Nadel fassen, ausstechen (**3**). Von dieser Ausstichstelle zurückgehen bis zu der 1. Ausstichstelle, einstechen (**4**) und die doppelte Anzahl der Gewebefäden (**4**) auf die Nadel fassen,

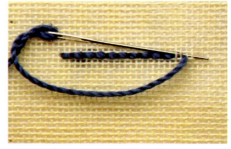

ausstechen usw. In Kurzform gesagt: 2 Fäden zurück, 4 Fäden vor. Statt 2 kann man auch 3 oder 4 Gewebefäden nehmen.

Rückseite

Durch die Rückstiche zeigt die Rückseite viel längere ineinandergreifende Stiche als die Vorderseite.
Beim Vernähen der End- und Anfangsfäden wird schlangenähnlich durch diese Stiche gezogen. Je nach Dichte der Stiche genügen dafür 5 bis 8 Stiche. Den Restfaden schneidet man dann ab. Dieses Verfahren gilt auch für fast alle folgenden Stiche.

Was tun bei Fehlern?

Fehler treten meistens durch Verzählen ein und können die schönste Stickerei verderben. Aufziehen lohnt sich deshalb immer. Man zieht den Stickfaden aus dem Nadelöhr und zieht mit der Sticknadel Stich für Stich vorsichtig aus dem Gewebe heraus, manchmal auch zusätzlich auf der Rückseite. Auf diese Weise werden auch alle folgenden Zierstiche bei Fehlern aufgezogen.

Was tun, wenn der Arbeitsfaden zu Ende ist?

Wenn der Arbeitsfaden zu Ende geht, bleibt man auf der Rückseite der Stickarbeit und vernäht den Endfaden. Mit dem neuen Arbeitsfaden sticht man 2 Gewebefäden (je nach Stichgröße auch mehr) aus und arbeitet in üblicher Weise weiter.

Variationen

Das Mustertuch zeigt den Steppstich zuerst über 2, dann über 4 Gewebefäden gearbeitet. Die unteren 3 Reihen zeigen den Steppstich als Hilfsstich, durch den ein Stickfaden auf verschiedene Weise durchgezogen ist.
Material: Kongreßstoff, Perlgarn Nr. 5.

Anwendungsmöglichkeiten

Der Steppstich eignet sich als Zierstich bei Borten und bildhaftem Sticken sowie als Ergänzungsstich bei anderen Zierstichen (z.B. Flachstich und Kreuzstich). Da er sehr fest ist, kann man ihn auch zum Zusammenfügen von Stoffteilen (Naht) anwenden (siehe Seite 175).

Buchhülle

Das klassische Steppstichmuster ist mit 4fädigem Sticktwist auf gut auszählbarem Stoff gearbeitet. Die Größe der Hülle richtet sich nach dem gewünschten Buchformat. An den Längsseiten etwa 6 cm zugeben. Diese nach dem Sticken der Bordüre als Saum (siehe Seite 174) umlegen und mit kleinen Saumstichen »unsichtbar« befestigen. An beiden Schmalseiten etwa 8 cm zugeben. Den Vorderseiteneinschlag zum Einschieben des Buchdeckels oben und unten mit kleinen Überwindlingsstichen (siehe Seite 175) zusammennähen. Die andere Seite ist lose, so daß verschieden dicke Bücher eingelegt werden können.

131

Stielstich

Der Stielstich sieht aus wie die Rückseite eines Steppstiches. Die Arbeitsweise ist fast die gleiche, nur arbeitet man ihn in entgegengesetzter Richtung. Die Vorderseite ergibt eine klare Linie (Stiel). Die weit ineinandergreifenden Stiche gleichen einer lose gedrehten Schnur.

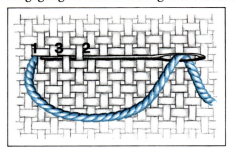

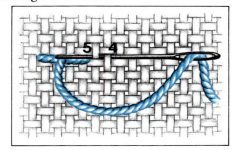

Arbeitsweise für Rechtshänder
Man arbeitet den Stielstich von links nach rechts. An der gewünschten Stelle von der Rückseite zur Vorderseite ausstechen (**1**). 4 Gewebefäden nach rechts zählen, einstechen (**2**), 2 Gewebefäden nach links zählen und auffassen, ausstechen (**3**). Der Arbeitsfaden liegt unterhalb der Ausstichstelle. 4 Gewebefäden nach rechts zählen, einstechen (**4**), 2 Gewebefäden nach links zählen (**5**) (= 1. Einstichstelle) usw. Kurz gesagt: 4 Fäden vor, 2 Fäden zurück.

Man muß darauf achten, daß man entweder unterhalb oder oberhalb des Arbeitsfadens aussticht.

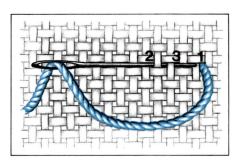

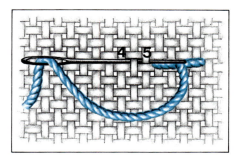

Arbeitsweise für Linkshänder
Man arbeitet den Stielstich von rechts nach links. An der gewünschten Stelle von der Rückseite zur Vorderseite ausstechen (**1**). 4 Gewebefäden nach links zählen, einstechen (**2**), 2 Gewebefäden nach rechts zählen und auffassen, ausstechen (**3**). Der Arbeitsfaden liegt unterhalb der Ausstichstelle. 4 Gewebefäden nach links zählen, einstechen (**4**), 2 Gewebefäden nach rechts zählen (**5**) (= 1. Einstichstelle) usw. Kurz gesagt: 4 Fäden vor, 2 Fäden zurück.

Man muß darauf achten, daß man entweder unterhalb oder oberhalb des Arbeitsfadens aussticht.

Rückseite
Sie sieht aus wie der Steppstich. Beim Vernähen wird der Anfangs- und Endfaden durch die enganliegenden, relativ festen Stiche gezogen.

Was tun bei Fehlern?
Fehler entstehen hier häufig, wenn beim Zurückstechen der Arbeitsfaden ab und zu mal nach unten und mal nach oben gelegt wird. Dann ist die typische Linie unruhig und sollte, wie bereits beschrieben, aufgezogen werden: mit der Sticknadel Stich für Stich auf der Vorder- und Rückseite herausziehen.

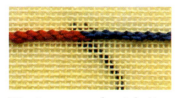

Was tun, wenn der Arbeitsfaden zu Ende ist?
Der Endfaden wird auf der Rückseite der Stickarbeit vernäht. Mit dem neuen Arbeitsfaden sticht man unmittelbar am *vor*letzten Stich aus. Dabei einen 6 bis 8 cm langen Faden zum späteren Vernähen hängen lassen. Danach wie gewohnt 4 Gewebefäden auszählen usw.

Variationen
1 Stielstich über 2 Gewebefäden. Der Stickfaden wird nach unten gelegt.
2 Stielstich über 3 Gewebefäden. Der Stickfaden wird im Wechsel einmal nach oben und einmal nach unten gelegt (versetzt).
3 Stichgröße über 3 Gewebefäden. Der Stickfaden wird immer nach oben gelegt.
4 Borte mit 3 Reihen einfachem Stielstich, darunter und darüber 2 Reihen versetzter Stielstich.
Material: Kongreßstoff und Perlgarn Nr. 5.

Anwendungsmöglichkeiten
Der Stielstich eignet sich für Muster und Borten, beim bildhaften Gestalten für Umrisse und Pflanzenstiele (siehe Seite 152).

Variationen

Eierwärmer
Mittelgrobes Gewebe in doppelter Größe (20 x 20 cm) zuschneiden und mit der Nähmaschine versäubern. Ungefähr 5 cm von der unteren Kante entfernt die selbstentworfene Borte aus Steppstich, Stielstich und Vorstich mit 4fädigem Sticktwist sticken. Danach von links bügeln, die Seitennaht schließen, die gleichgroßen Umschläge innen zusammennähen, und die Eierwärmer wieder auf rechts stülpen. Zum Schluß den oberen Teil mit einer Kordel abbinden.

Kettenstich

Das Aussehen des Kettenstiches erinnert an die Glieder einer Kette. Obwohl er recht breit wirkt, wird seine Grundform auch in einer Linie gearbeitet, allerdings senkrecht, von oben nach unten.

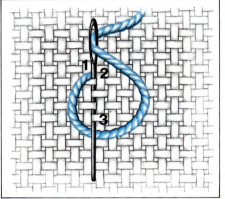

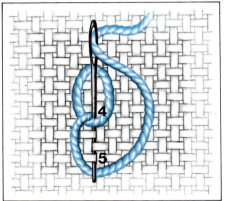

Arbeitsweise
(Die unteren Abbildungen gelten für Linkshänder.)
An der gewünschten Stelle von der Unterseite des Gewebes zur Oberseite ausstechen (1). Den Arbeitsfaden als Schlinge nach unten legen, in die Ausstichstelle einstechen (2), 4 Gewebefäden senkrecht nach unten zählen und auf die Nadel fassen. Beim Ausstechen (3) liegt der Arbeitsfaden unter der Nadel, Faden *locker* durchziehen.

Erneut eine Schlinge nach unten legen, in die 2. Ausstichstelle einstechen, und zwar oberhalb der ersten Schlinge (4) usw. Am Ende einer Stickreihe sticht man unmittelbar unter der Schlinge aus und befestigt sie dadurch.

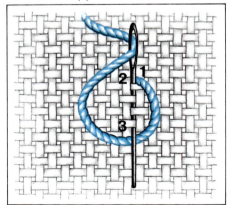

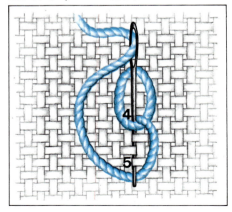

Rückseite
Auf der Rückseite liegen die senkrechten Stiche dicht nebeneinander. Durch diese werden die Anfangs- und Endfäden des Stickfadens verwahrt.

Was tun bei Fehlern?
Wenn beim Arbeiten des Kettenstiches darauf geachtet wird, daß bei den Ein- und Ausstichen nicht in Gewebe- oder Stickfaden gestochen wird, so kann man den Stich wie eine Luftmasche durch Ziehen am Faden auflösen.

Was tun, wenn der Arbeitsfaden zu Ende ist?
Man sticht in die Ausstichstelle oberhalb der Schlinge ein und läßt den Arbeitsfaden zunächst auf der Unterseite hängen. Nun sticht man mit dem neuen Arbeitsfaden wie gewohnt oberhalb der jetzt lockerliegenden Schlinge aus.

Abwandlungen
Man kann den Kettenstich abwandeln, indem man die Einstichstelle versetzt.

Rechtshänder

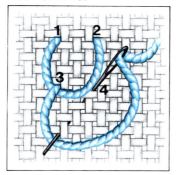

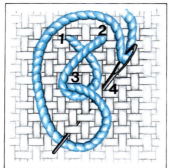

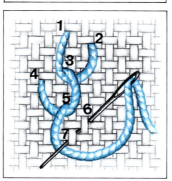

Offener Kettenstich, Arbeitsweise für Rechts- und Linkshänder
Die 1. Einstichstelle (**2**) liegt einige Gewebefäden rechts, für Linkshänder links, neben dem Ausstich (**1**). Bei allen weiteren Stichen liegt die Einstichstelle (**4**) außerhalb der Schlinge.

Verschränkter Kettenstich, Arbeitsweise für Rechts- und Linkshänder
Nach dem Ausstich (**1**) wird die Schlinge verschränkt gelegt. Der Einstich (**2**) erfolgt einige Gewebefäden links, für Linkshänder rechts, neben dem Ausstich. Bei allen weiteren Stichen liegt die Einstichstelle außerhalb der Schlinge (**4**).

Bäumchenstich, Arbeitsweise für Rechts- und Linkshänder
Dieser Stich wird auch Fischgrätenstich genannt. Er wird offen und versetzt nach rechts *und* links gearbeitet (beim Zählen etwas aufpassen). Der Bäumchenstich kann darüber hinaus variiert werden, indem man die Ausstichstellen verändert.

Linkshänder

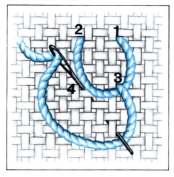

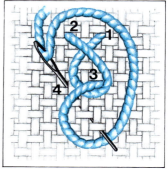

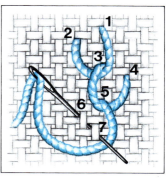

Flachstich

Der Flachstich wird auch Spann- und Plattstich genannt. Die vorangegangenen Stiche wurden alle fadengerade, das heißt zwischen 2 Schußfäden in einer Linie gearbeitet. Der Flachstich wird dagegen in 2 Ebenen gestickt. Man zählt von unten nach oben und spannt den Stickfaden senkrecht über die gewünschte Höhe.

Dieser Stich ist sehr einfach zu sticken und bietet durch seine Vielfältigkeit unzählige Variationen, die auch bei Kindern zu eigenen Entwürfen anregen.
Bei den Vorbereitungen zu diesem Stich ist allerdings zu beachten, daß er durch seine Höhe und Dichte viel Zeit und Material braucht.

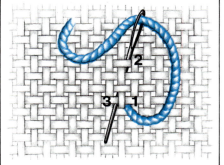

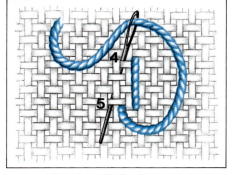

Arbeitsweise
(Die unteren Abbildungen gelten für Linkshänder.)
Die Arbeitsrichtung ist von rechts nach links, für Linkshänder von links nach rechts. Von der Rückseite zur Vorderseite ausstechen (**1**). 4 Gewebefäden senkrecht nach oben zählen, einstechen (**2**). Direkt neben der Ausstichstelle wieder ausstechen (**3**) und den Faden durchziehen. Wieder 4 Gewebefäden senkrecht nach oben zählen, einstechen (**4**); neben der 2. Ausstichstelle ausstechen (**5**) usw.

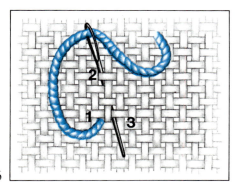

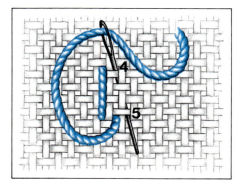

136

Rückseite

Die Rückseite des Flachstiches hat leicht schräg gestellte Stiche. Durch diese zieht man die Anfangs- und Endfäden je nach Stichhöhe 8 bis 10 cm lang. Je höher der Stich, um so lockerer liegt der vernähte Faden darunter; er sollte dann entsprechend länger durchgezogen werden.

Was tun bei Fehlern?

Die relativ einfache Technik des Flachstiches verführt zu oberflächlichem Arbeiten. Sehr schnell sticht man 2mal in dasselbe Gewebeloch oder läßt 2 statt 1 Gewebefaden aus. Die nun leicht schrägen Stiche fallen oft erst beim Betrachten des Gesamtbildes als Unregelmäßigkeit auf. Deshalb sollte man die Arbeit häufig überprüfen.

Anwendungsmöglichkeiten

Der Flachstich findet Anwendung bei Borten, flächenfüllenden Mustern, Motivstickerei und Randbefestigungen.

Variationen

Auf dem abgebildeten Mustertuch sind nur einige einfache Variationen mit dem Flachstich gestickt. Mit Buntstiften und Karopapier lassen sich unendlich viele Muster spielerisch entwerfen.
Material: Kongreßstoff, Perlgarn Nr. 5.

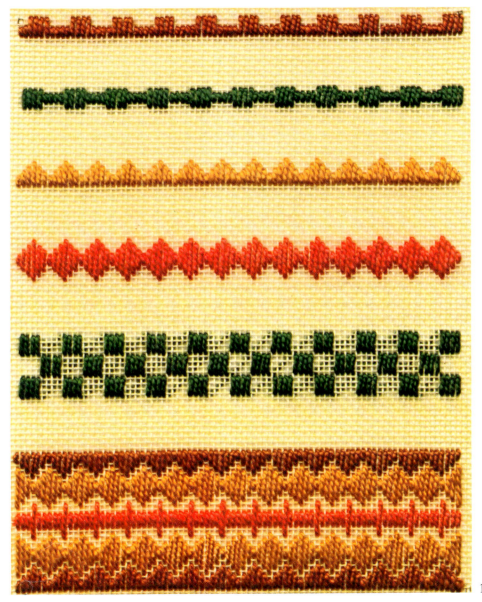

Flachstich als Randbefestigung mit Eckenbildung

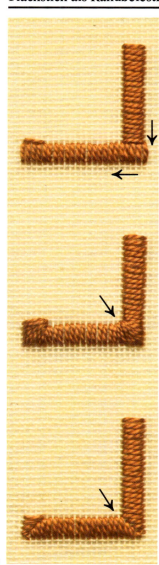

Die *fortlaufende Ecke* ist die einfachste der drei Möglichkeiten. Man arbeitet einige Gewebefäden vom oberen Rand entfernt den Flachstich bis in die Ecke (Pfeil). Dann dreht man die Arbeit im rechten Winkel und stickt in der gleichen Höhe (Pfeil) direkt weiter.

Für die *Strahlenecke* sticht man so lange in dieselbe Ausstichstelle (innen), bis die Stiche wieder gerade sind. Ein Beispiel: Bei einem Flachstich von 4 Fäden Höhe wird 8mal in das gleiche Loch gestochen (Pfeil). Am äußeren Rand stickt man normal weiter.

Bei der *schrägen Ecke* verkürzt man die Stiche immer um 1 Gewebefaden. Dann setzt man in einem rechten Winkel gegengleich die Stiche bis zur inneren Ecke (Pfeil).

Ist der gewünschte Gegenstand umrandet, kann man die überstehenden Gewebefäden abschneiden oder als Fransen stehen lassen.

Variationen

Auf dem rechts abgebildeten Mustertuch werden geometrische Muster gezeigt, die sich sowohl für Borten als auch zur flächenfüllenden Gestaltung eignen.

Material: Kongreßstoff, Perlgarn Nr. 5.

Nadelkissen
Größe: 11 x 11 cm.
Material: mittelgrobes Baumwollgewebe, 4fädiger Sticktwist in 2 Brauntönen.
Zierstich: Flachstich in 3 Variationen und Strahlenecke.
Füllmaterial: alte, kleingeschnittene Perlonstrümpfe.

Deckchen mit Fransen
Das Deckchen wurde von einem 12jährigen Jungen gestickt.
Größe: 20 x 20 cm.
Material: Flockenbast, Perlgarn Nr. 3. *Zierstich:* Flachstich. *Randbefestigung:* durch Flachstich mit schräger Eckenbildung.

Tischpapierkorb
Größe: 20 x 46 cm.
Material: Rupfen und Perlgarn Nr. 3.
Zierstich: Flachstich als Flächenmuster.
Arbeitsweise: Den Stoff nach der Größe der Dose zuschneiden, dabei an den langen Seiten für oben und unten je 4 cm, für die Naht an den Schmalseiten je 1 cm Zugabe berechnen.

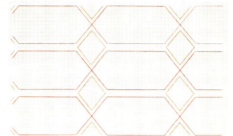

Musterentwurf: Die Grundidee des Musters auf Karopapier entwerfen. In diesem Fall sind es gleichlange gerade und schräge Linien.

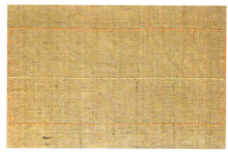

Flächenaufteilung: Zunächst wird das Gewebe in Flächen aufgeteilt und mit Stichen gekennzeichnet, dabei geht man immer von der Mitte aus. Man kann dann sehen, in welcher Größe das gewünschte Muster gestickt werden muß. Abzählen und Ausprobieren bleibt aber trotzdem nicht erspart.

Zu beachten ist, daß das Muster am Anfang und Ende (Naht) fortlaufend weiterführt.

Am Kreuzungspunkt der roten Schrägen werden die Flachstiche verkürzt gestickt.

Nach dem Sticken die Naht exakt schließen und ausbügeln. Die Stickerei von links bügeln, und die Dose in die Umhüllung schieben.

Umschlag an der Innenseite ankleben, das Gewebe am Dosenboden in gleichmäßige Fältchen legen und ankleben.

Tip: Da der Rupfen locker gewebt ist und eventuelle Beschriftungen durchscheinen könnten, sollte die Dose vorher angestrichen werden.

Schlingstich

Der Schlingstich wird auch, je nach Anwendungsbereich, Feston- und Langettenstich genannt. Seine Vorderseite zeigt senkrechte Stiche, die unten durch Verschlingung der Fäden eine durchgehende Linie mit schräg ineinandergreifenden Fäden bilden.

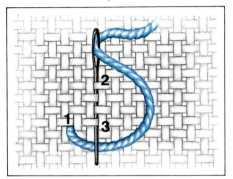

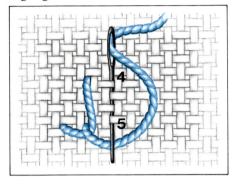

Arbeitsweise für Rechtshänder
Man arbeitet von links nach rechts und von oben nach unten. Von der Rückseite zur Vorderseite ausstechen (**1**) und 1 Schlinge nach unten legen. 2 Gewebefäden nach rechts und 4 Fäden senkrecht nach oben zählen, einstechen (**2**). 4 Gewebefäden senkrecht nach unten zählen, auffassen, ausstechen (**3**); die Schlinge liegt unter der Nadel. Arbeitsfaden nach unten durchziehen usw. (**4, 5**).

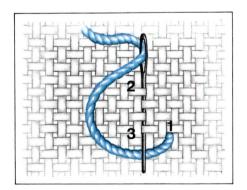

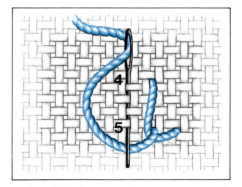

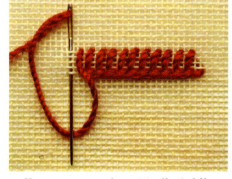

Arbeitsweise für Linkshänder
Man arbeitet von rechts nach links und von oben nach unten. Von der Rückseite zur Vorderseite ausstechen (**1**) und 1 Schlinge nach unten legen. 2 Gewebefäden nach links und 4 senkrecht nach oben zählen (**2**). 4 Gewebefäden senkrecht nach unten zählen, auffassen, ausstechen (**3**); die Schlinge liegt unter der Nadel. Arbeitsfaden nach unten durchziehen usw. (**4, 5**).

Rückseite
Sie zeigt nur senkrechte Stiche, die an einen auseinandergezogenen Flachstich erinnern. Durch diese zieht man den Anfangs- und Endfaden zum Vernähen.

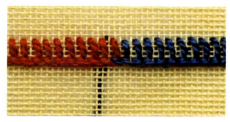

Was tun, wenn ...
a) der Arbeitsfaden zu Ende ist?
Man beendet in diesem Fall den Stich am oberen Einstichpunkt (**2**) und läßt den Endfaden zunächst auf der Rückseite hängen. Auf der Vorderseite bleibt eine lockere Schlinge. Mit dem neuen Arbeitsfaden 4 Gewebefäden tiefer ausstechen (**3**), dabei den Anfangsfaden zum Vernähen auf der Rückseite hängen lassen und wie gewohnt weiterarbeiten.
b) die Stickreihe beendet werden soll?
Die letzte Schlinge befestigt man mit einem kleinen Querstich außerhalb der Schlinge direkt daneben.

Variationen
Der Schlingstich kann eng oder weit, hoch oder tief, abwechselnd von oben und unten versetzt und reihenweise ineinandergreifend als flächenfüllendes Muster gearbeitet werden. Zur Randversäuberung ist er gleichzeitig auch Nutzstich.
Material: Kongreßstoff, Perlgarn Nr. 5.

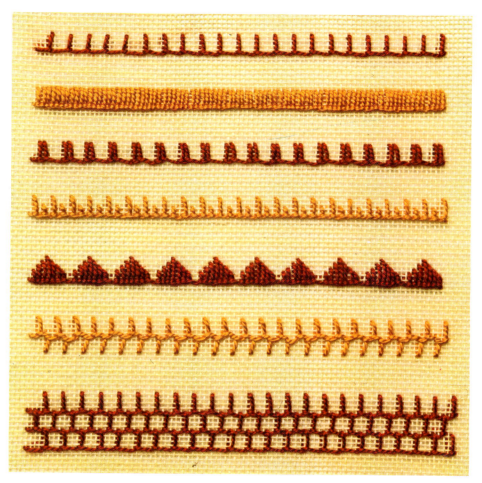

Beim Schlingstich wird eine Strahlenecke gearbeitet. Je nach Dichte des Stiches sticht man so oft in das gleiche Gewebeloch auf der Innenseite der Ecke, bis die Stiche wieder senkrecht stehen.

Zickzackstich

Er ist er erste Stich in diesem Lehrgang, der auf der Vorderseite schräge Stiche hat. Er bildet gleichmäßige Zacken, deren Höhe und Breite beliebig geändert werden können. Auch können die Stiche 1- oder 2farbig untereinander gesetzt werden, wodurch man dekorative Effekte erzielt.

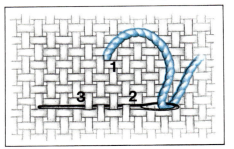

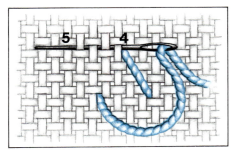

Arbeitsweise für Rechtshänder
Man arbeitet von rechts nach links. Der Stich kann beispielsweise über 4 Gewebefäden in der Höhe und in der Breite gestickt werden. Vom oberen Rand 2 Gewebefäden nach links zählen, ausstechen (**1**). 4 Gewebefäden senkrecht nach unten und 2 Fäden nach rechts zum Rand zählen, einstechen (**2**). 4 Gewebefäden nach links zählen, auffassen, ausstechen (**3**). Oben in die 1. Ausstichstelle einstechen (**4**) (= die Spitze der ersten Zacke), 4 Gewebefäden nach links zählen, auffassen, ausstechen (**5**) usw.

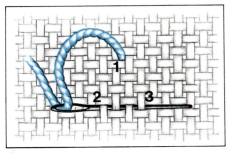

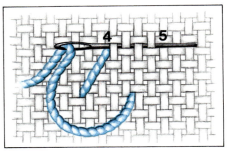

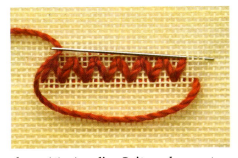

Arbeitsweise für Linkshänder
Man arbeitet von links nach rechts. Der Stich kann beispielsweise über 4 Gewebefäden in der Höhe und in der Breite gestickt werden. Vom oberen Rand 2 Gewebefäden nach rechts zählen, ausstechen (**1**). 4 Gewebefäden senkrecht nach unten und 2 Fäden nach links zum Rand zählen, einstechen (**2**). 4 Gewebefäden nach rechts zählen, auffassen, ausstechen (**3**). Oben in die 1. Ausstichstelle einstechen (**4**) (= die Spitze der ersten Zacke), 4 Gewebefäden nach rechts zählen, auffassen, ausstechen (**5**) usw.

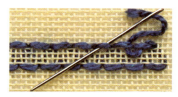

Rückseite

Auf der Rückseite sind 2 versetzte, steppstichähnliche Reihen. Das Vernähen erfolgt waagerecht in einer dieser Steppstichreihen durch schlangenähnliches Durchziehen der Anfangs- und Endfäden.

Was tun bei Fehlern?

Bei diesem Stich passiert es sehr leicht, daß man sich vor allem bei breiten Stichen verzählt. Dann stehen die Zacken »schief« und wirken störend auf das Gesamtbild. In diesem Fall den Arbeitsfaden unbedingt aus dem Öhr ziehen und Stich für Stich bis zur Fehlerquelle mit der Sticknadel aufziehen. Eine regelmäßige Kontrolle der Vorder- und Rückseite erspart manches lästige Aufziehen. Hier ein Tip zur Kontrolle: Die Zackenspitze sollte immer in der Mitte stehen. Wenn man mit der Sticknadel von einer Zackenspitze senkrecht nach unten beziehungsweise nach oben zieht, müssen rechts und links neben der Nadel gleichviele Gewebefäden sein.

Was tun, wenn der Faden zu Ende ist?

Am besten, man beendet den Stich, das heißt eine Zacke (oben an der Spitze), sticht zur Rückseite und vernäht den Endfaden. Dann sticht man 4 Gewebefäden neben der Zackenspitze aus und zieht den Faden bis auf 6 bis 8 cm durch. Danach sticht man unten in das letzte Ausstichloch ein, nimmt 4 Gewebefäden nach links auf die Nadel usw.

Variationen

Auf dem rechts abgebildeten Mustertuch sieht man oben die vielseitige Verwendungsmöglichkeit des Zickzackstichs. Die Höhe und Breite des Grundstichs (4 hoch, 4 breit) ist hier bis zu 6 Gewebefäden verändert. Durch Darüber- oder Daruntersetzen mehr- oder auch gleichfarbiger Reihen entsteht immer wieder eine neue Wirkung. Besonders reizvoll sind auch Ton-in-Ton-Abstufungen über ganze Flächen gearbeitet. Die Borte unten ist eine Kombination mit nur 3 Farben der oben aufgezeigten Stiche.

Material: Kongreßstoff, Perlgarn Nr. 5.

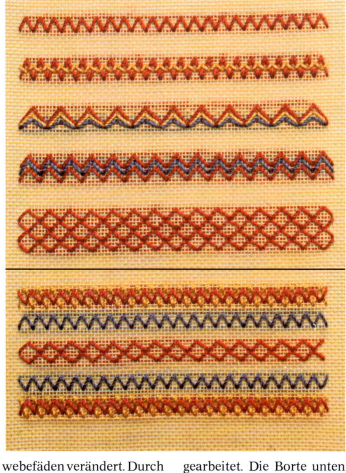

Hexenstich

Die Vorderseite zeigt, wie auch beim Zickzackstich, nur Schrägstiche. Diese überkreuzen sich oben und unten in versetzter Anordnung. Höhe und Breite des Stiches sind veränderlich.

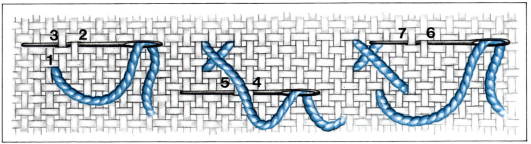
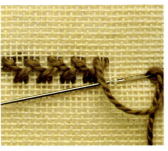

Arbeitsweise für Rechtshänder
Man arbeitet von links nach rechts, beispielsweise über 4 Fäden. Links am Rand in der Mitte der Stichhöhe ausstechen (**1**). 2 Gewebefäden senkrecht nach oben und 2 Fäden nach rechts zählen, einstechen (**2**). 2 Gewebefäden nach links zum Rand zählen, auffassen, ausstechen (**3**). Von hier 4 Fäden senkrecht nach unten und 4 Gewebefäden nach rechts zählen, einstechen (**4**). 2 Fäden nach links zählen, auffassen, ausstechen (**5**). Von hier 4 Gewebefäden nach rechts und 4 Fäden senkrecht nach oben zählen, einstechen (**6**). 2 Gewebefäden wieder nach links zählen, auffassen, ausstechen (**7**). Von hier 4 Fäden nach rechts und 4 senkrecht nach unten zählen, einstechen usw.

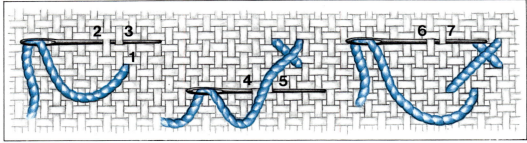
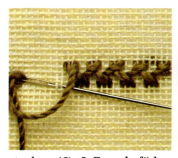

Arbeitsweise für Linkshänder
Man arbeitet von rechts nach links, über beispielsweise 4 Fäden. Rechts am Rand in der Mitte der Stichhöhe ausstechen (**1**). 2 Gewebefäden senkrecht nach oben und 2 Fäden nach links zählen, einstechen (**2**). 2 Gewebefäden nach rechts zum Rand zählen, auffassen, ausstechen (**3**). Von hier 4 Fäden senkrecht nach unten und 4 Gewebefäden nach links zählen, einstechen (**4**). 2 Fäden nach rechts zählen, auffassen, ausstechen (**5**). Von hier 4 Gewebefäden nach links und 4 Fäden senkrecht nach oben zählen, einstechen (**6**). 2 Gewebefäden wieder nach rechts zählen auffassen, ausstechen (**7**). Von hier 4 Fäden nach links und 4 senkrecht nach unten zählen, einstechen usw.

Rückseite
Die Rückseite zeigt 2 Reihen waagerechte vorstichähnliche Stiche, die oben und unten versetzt sind. In einer dieser Reihen werden die Arbeitsfäden vernäht.

Was tun bei Fehlern?
Durch Verzählen können die Hexenstiche ein schiefes Aussehen erhalten, was sich auf den Gesamteindruck störend auswirkt. Neben der Vorderseite – Zwischenraum und Stichbreite sind gleich groß – sollte man auch die Rückseite regelmäßig kontrollieren und gegebenenfalls die Stiche bis zur Fehlerstelle einzeln ausziehen.

Was tun, wenn der Faden zu Ende ist?
Man beendet den Stich mit dem langen Schrägstich und vernäht den Endfaden auf der Rückseite. Nun muß mit dem Kreuzungspunkt begonnen werden. Man zählt also die entsprechenden Gewebefäden (hier 2) vom letzten oberen Einstich nach links, bei Linkshändern nach rechts, sticht von unten aus und arbeitet wie üblich weiter.

Variationen
Der Hexenstich ist ein sehr verwandlungsreicher Zierstich. Wie beim Zickzackstich ist auch hier Höhe und Breite variabel. Das auf der rechten Seite abgebildete Mustertuch zeigt außerdem verschiedene Möglichkeiten, eine zweite Farbe einzuarbeiten, zum Beispiel durch Durchschlingen (2. Variation) oder mit dem Vorstich (3. Variation). Bei der 4. Variation ist eine 2. Farbe in die Zwischenräume gesetzt. Danach ist der Hexenstich ohne Zwischenraum gezeigt. Die 6. Variation zeigt den Stich als flächenfüllendes Muster. In der untersten Reihe ist der Stich einmal groß und einmal klein gearbeitet.

Der Hexenstich ist auch ein praktischer Nutzstich. Mit ihm befestigte Säume an dehnbaren Stoffen bleiben elastisch.

Material: Kongreßstoff, Perlgarn Nr. 5.

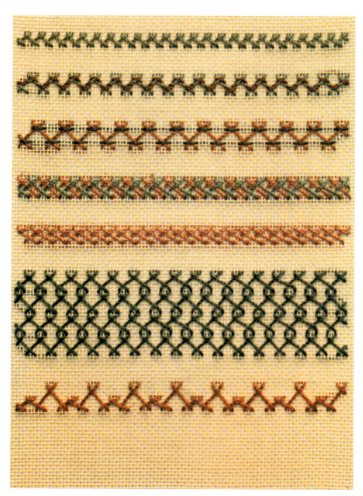

Schultertasche
Material: Rupfen, Perlgarn Nr. 5.
Größe: 31 x 26 cm.
Zierstiche: Hexenstich, Kettenstich (gelb), Flachstich (braun), 2 Reihen durchschlungener Vorstich (grün), in der Mitte eine Reihe Stielstich (gelb).
Naht: Überwindlingsnaht.
Arbeitsweise: Den Stoff 32 x 52 cm zuschneiden. Danach über alle 4 Seiten einen 2 cm breiten Saum arbeiten (an den Ecken muß ein Innenteil des Saumes ausgeschnitten werden). Jetzt die Lasche mit dem entworfenen Muster sticken. Zum Schluß die Seiten mit dem Überwindlingsstich schließen.

Brustbeutel aus Rupfen
Material: Mattstickgarn.
Zierstiche: Hexenstiche in verschiedenen Ausführungen und 2 Reihen gelbe Stielstiche.
Arbeitsweise: Den Stoff ungefähr 25 x 12 cm zuschneiden und die Schnittkanten versäubern. Danach die entworfene Borte von der Mitte der Längsseite ausgehend sticken. An der Schmalseite der Tasche einen Umschlag von etwa 2 cm legen und mit gleichfarbigem Nähfaden säumen. Die Nähte mit Steppstichen schließen und an der Lasche rundherum 1 cm Umschlag mit kleinen Saumstichen befestigen. Als Verschluß einen Knopf annähen und eine Garnschlinge arbeiten (siehe Seite 176).

Nadelbuch
Das Nadelbuch wurde von einem 10jährigen Mädchen gestickt.
Material: Kongreßstoff, Perlgarn Nr. 5.
Größe: 12 x 11 cm.
Zierstiche: Vorstich, Flachstich, Steppstich.
Randversäuberung: Schlingstich.
Arbeitsweise: Man stickt die Borte von der Mitte ausgehend. Die Anfangs- und Endfäden der Vorstichreihen in der Mitte sind für die Schleife geflochten.

Reisetäschchen
Material: grobes Baumwollgewebe, Perlgarn Nr. 5.
Größe: 16 x 10 cm.
Zierstiche: 2 Reihen durchschlungener Vorstich, 2 Reihen Zickzackstich, in der Mitte 3 Reihen Steppstich. Schlingstich als Randversäuberung.
Arbeitsweise: Die Größe des Zuschnitts ist ungefähr 18 x 30 cm. Zuerst die Schnittkanten versäubern, 1/2 cm einschlagen, stecken, heften und mit Schlingstichen befestigen. An den Schmalseiten einen Saum von etwa 2 cm arbeiten. Dann die entworfene Borte in der gewünschten Breite auf die Lasche sticken. Danach die Seitennähte mit dem Überwindlingsstich zusammennähen, dabei von jeder Seite 1 Schlingstichfaden umstechen.

Mustertuch
Das oben abgebildete Mustertuch entstand beim Erlernen der einzelnen Sticktechniken. Jeder neue Stich wurde in diesem Tuch geübt. Der einfachste Stich, der Webstich, umrahmt das farbenfrohe »Stickpuzzle«.
Material: zählbares Baumwollgewebe, Stickgarnreste.

Kreuzstich

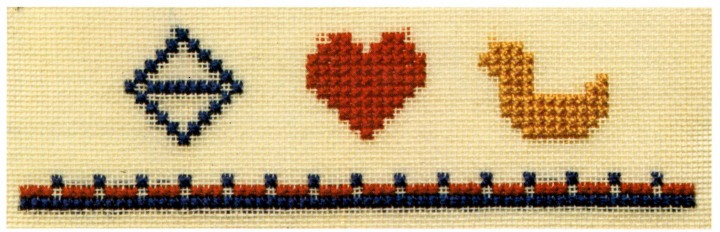

Der Kreuzstich ist schon seit vielen Jahrhunderten einer der beliebtesten Sticharten. Der Ursprung liegt im alten orientalischen Byzanz. Von dort aus kam er über Italien nach Europa. Man stickte den Kreuzstich im Vorderen Orient überwiegend mit rotem Faden aus. Dieser »Farbe des Lebens« sprach man die Macht zu, Dämonen abzuwehren.

Die Kreuzstichstickerei ist eine Volkskunst, die über die Jahrhunderte hinweg, je nach Religion sich weiter wandelte. Es gibt unzählige Möglichkeiten, den Kreuzstich anzuwenden: zum Beispiel Borten, Flächenmuster, geometrische und figürliche Motive.

Allgemeine Regeln
Der Kreuzstich ist ein Zählstich, der nur auf Geweben mit auszählbaren Fäden gearbeitet werden sollte. Man beobachtet sehr unterschiedlich angewandte Techniken. Aber nicht alle bringen die Schönheit des Kreuzstiches voll zur Geltung.
Folgende Regeln sollte man unbedingt beachten:
1. Der Kreuzstich besteht aus 2 diagonalen Stichen, dem Unter- und dem Oberstich.
2. Die Reihenfolge, in der Unter- und Oberstich gearbeitet werden, sollte innerhalb einer Stickarbeit immer gleich sein. Ist dies nicht der Fall, so geht die Gleichmäßigkeit verloren.
3. Höhe und Breite des Kreuzstiches sind immer gleich. Er bildet also ein Quadrat.
4. Innerhalb einer Kreuzsticharbeit sollte man immer die gleiche Technik anwenden, das heißt, auf der Rückseite sind entweder nur senkrechte oder nur waagerechte Stiche zu sehen. Ausnahmen sind der diagonale Kreuzstich und bei der senkrechten Technik, wenn zwischen den Stichen innerhalb einer Reihe Abstände vorkommen.

Man unterscheidet drei verschiedene Kreuzsticharten:
1. der waagerechte Kreuzstich,
2. der senkrechte Kreuzstich,
3. der diagonale Kreuzstich.
Auf den folgenden Seiten wird bei allen 3 Kreuzsticharten nur auf eine Arbeitsweise (Technik) eingegangen, die erfahrungsgemäß bereits von Kindern gut verstanden wird.

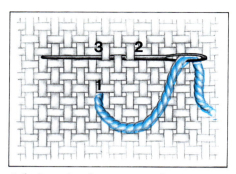
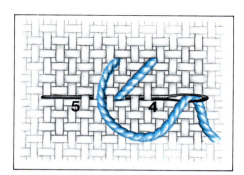

Arbeitsweise des waagerechten Kreuzstiches für Rechtshänder
Man arbeitet von rechts nach links und beginnt unten in der linken Ecke des quadratischen Kreuzstiches. Bei einer Stichgröße von 3 Gewebefäden zählt man diese vom gewünschten Rand nach links und sticht von der Rückseite zur Vorderseite aus (**1**). 3 Gewebefäden wieder zum Rand nach rechts, 3 Gewebefäden senkrecht nach oben zählen, einstechen (**2**). 3 Gewebefäden nach links zählen, diese auffassen und ausstechen (**3**) (= Unterstich).
Vom Einstichpunkt (**2**) 3 Gewebefäden senkrecht nach unten zählen und einstechen (**4**). Das erste Kreuz ist fertig. Dann von dieser Einstichstelle 6 Gewebefäden nach links zählen und ausstechen. So beginnt der neue Stich, der dicht an den 1. Stich gesetzt wird.
Die Rückseite des waagerechten Kreuzstiches zeigt 2 waagerechte Linien, von denen die obere wie ein Steppstich und die untere wie ein Stielstich aussieht. Das Vernähen erfolgt immer in der unteren Reihe.

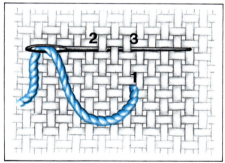
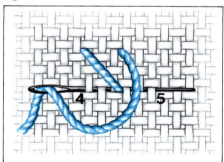
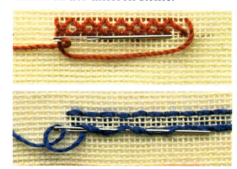

Arbeitsweise des waagerechten Kreuzstiches für Linkshänder
Man arbeitet von links nach rechts und beginnt unten in der rechten Ecke des quadratischen Kreuzstiches. Bei einer Stichgröße von 3 Gewebefäden zählt man diese vom gewünschten Rand nach rechts und sticht von der Rückseite zur Vorderseite aus (**1**). 3 Gewebefäden wieder zum Rand nach links, 3 Gewebefäden senkrecht nach oben zählen, einstechen (**2**). 3 Gewebefäden nach rechts zählen, diese auffassen und ausstechen (**3**) (= Unterstich).
Vom Einstichpunkt (**2**) 3 Gewebefäden senkrecht nach unten zählen und einstechen (**4**). Das erste Kreuz ist fertig. Dann von dieser Einstichstelle 6 Gewebefäden nach rechts zählen und ausstechen. So beginnt der neue Stich, der dicht an den 1. Stich gesetzt wird.
Die Rückseite des waagerechten Kreuzstiches zeigt 2 waagerechte Linien, von denen die obere wie ein Steppstich und die untere wie ein Stielstich aussieht.
Das Vernähen erfolgt immer in der unteren Reihe.

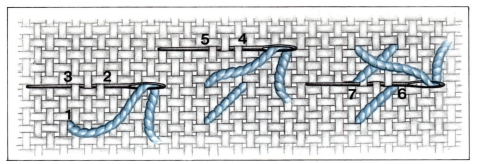  

Arbeitsweise des senkrechten Kreuzstiches für Rechtshänder

Man arbeitet zuerst alle Unterstiche, dann alle Oberstiche. Am rechten Rand beginnen. Die entsprechenden Gewebefäden (hier 3) nach links zählen, ausstechen (**1**) (= linke Ecke des quadratischen Kreuzstiches). 3 Gewebefäden nach rechts und 3 senkrecht nach oben zählen, einstechen (**2**) (= Unterstich). 3 Gewebefäden nach links zählen, auffassen und ausstechen (**3**). Den nächsten Unterstich oberhalb des 1. arbeiten (**4, 5**). Auf diese Weise einen Unterstich über den anderen setzen, bis zur gewünschten Höhe. Danach wird ein Oberstich nach dem anderen abwärts gearbeitet: den Faden von der linken oberen Ecke (**5**) diagonal nach rechts unten führen, einstechen (**6**), 3 Gewebefäden nach links zählen und ausstechen (**7**) usw.
Für die nächste Reihe vom letzten Einstich 6 Gewebefäden nach links zählen, ausstechen und die Unterstiche senkrecht nach oben arbeiten. Die Rückseite zeigt nur waagerechte Stiche.

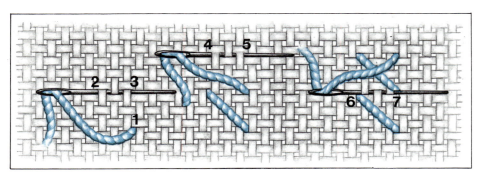  

Arbeitsweise des senkrechten Kreuzstiches für Linkshänder

Man arbeitet zuerst alle Unterstiche, dann alle Oberstiche. Am linken Rand beginnen. Die entsprechenden Gewebefäden (hier 3) nach rechts zählen, ausstechen (**1**) (= rechte Ecke des quadratischen Kreuzstiches). 3 Gewebefäden nach links und 3 senkrecht nach oben zählen, einstechen (**2**) (= Unterstich). 3 Gewebefäden nach rechts zählen, auffassen und ausstechen (**3**). Den nächsten Unterstich oberhalb des 1. arbeiten (**4, 5**). Auf diese Weise einen Unterstich über den anderen setzen, bis zur gewünschten Höhe. Danach wird ein Oberstich nach dem anderen abwärts gearbeitet: den Faden von der rechten oberen Ecke (**5**) diagonal nach links unten führen, einstechen (**6**), 3 Gewebefäden nach rechts zählen, ausstechen (**7**) usw.
Für die nächste Reihe vom letzten Einstich 6 Gewebefäden nach rechts zählen, ausstechen und die Unterstiche senkrecht nach oben arbeiten. Die Rückseite zeigt nur waagerechte Stiche.

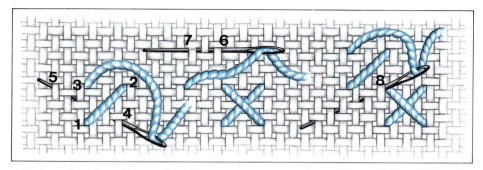 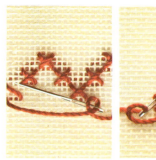 

Arbeitsweise des diagonalen Kreuzstiches für Rechtshänder

Der diagonale Kreuzstich nach links wird von rechts unten nach links oben gearbeitet, der diagonale Kreuzstich nach rechts von rechts oben nach links unten. Beide Diagonalen zusammen bilden ein zickzackförmiges Muster. Den ersten Stich stickt man wie beim waagerechten Kreuzstich. Bei der Diagonalen nach links für den Beginn des neuen versetzten Stiches 3 Gewebefäden neben **3** ausstechen (**5**). Nun beginnt der neue Stich nach der bekannten Arbeitsweise (**6, 7, 8**).
Bei der Diagonalen nach rechts müssen die nach unten führenden Stiche in der gleichen Reihenfolge gearbeitet werden; das heißt, jeder Kreuzstich beginnt links unten im Quadrat. Nach dem ersten Kreuz von der letzten Einstichstelle 3 Gewebefäden senkrecht nach unten und 6 nach links zählen, ausstechen und den neuen Stich beginnen. Auf keinen Fall die Arbeit drehen. Die Rückseite zeigt waagerechte und und schräge Stiche.

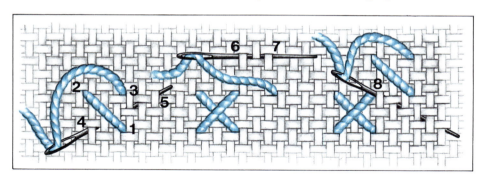  

Arbeitsweise des diagonalen Kreuzstiches für Linkshänder

Der diagonale Kreuzstich nach rechts wird von links unten nach rechts oben gearbeitet, der diagonale Kreuzstich nach links von links oben nach rechts unten. Beide Diagonalen zusammen bilden ein zickzackförmiges Muster. Den ersten Stich stickt man wie beim waagerechten Kreuzstich. Bei der Diagonalen nach rechts für den Beginn des neuen versetzten Stiches 3 Gewebefäden neben (**3**) ausstechen (**5**). Nun beginnt der neue Stich nach der bekannten Arbeitsweise (**6, 7, 8**).
Bei der Diagonalen nach links müssen die nach unten führenden Stiche in der gleichen Reihenfolge gearbeitet werden; das heißt, jeder Kreuzstich beginnt rechts unten im Quadrat. Nach dem ersten Kreuz von der letzten Einstichstelle 3 Gewebefäden senkrecht nach unten und 6 nach rechts zählen, ausstechen und den neuen Stich beginnen. Auf keinen Fall die Arbeit drehen. Die Rückseite zeigt waagerechte und lange schräge Stiche.

Bildhaftes Gestalten

Unter bildhaftem Gestalten versteht man eine Art Malen mit Faden und Nadel. Man entwirft und zeichnet ein Bild auf Papier und überträgt dieses auf Stoff. Je nach Geduld und Geschicklichkeit kann man dann mit den bereits erlernten Stichen Umrisse nachsticken und Flächen ausfüllen. Etwas schwieriger wird vielleicht für manche sein, daß nun nicht mehr unbedingt *fadengerade* gearbeitet wird. Doch mit ein bißchen Übung bekommt man das notwendige Fingerspitzengefühl.

Anregung für Motive findet man überall: in seiner unmittelbaren Umgebung, zum Beispiel in Büchern, auf Fotos und Bildern; vor allem aber bietet die Natur unendlich viele Möglichkeiten für das bildhafte Gestalten.

Das abgebildete Mustertuch zeigt Blätter aus Steppstichen, Tiere aus Stiel- und Kettenstichen, einen Ball aus Stielstichen, Grasbüschel aus Schlingstichen und eine Blume aus mehreren Sticharten.

Was man alles dazu braucht

Die leichteste Art, Entwürfe auf den Stoff zu übertragen, ist das Arbeiten mit Schablonen. Das Motiv auf leichte Pappe zeichnen und ausschneiden. Dieses auf den Stoff legen und die Umrisse nachzeichnen. Kleinere Ergänzungen können frei eingezeichnet werden. Eine 2. Möglichkeit der Musterübertragung ist die Durchpausmethode. Kopierpapier mit der farbigen Seite auf den Stoff legen, darauf den Entwurf. Zuvor die Mitte des Musters und die Mitte des Stoffes markieren. Nun mit einem harten Bleistift (oder Stricknadel) das Muster nachziehen. Dabei aufpassen, daß außerhalb der Musterlinien kein Druck ausgeübt wird, sonst entstehen Flecken vom Kopierpapier.

Bei beiden Methoden darauf achten, daß die Markierungslinien überstickt werden und somit nicht mehr sichtbar sind.

Adventskalender als Wandbehang
Material: grobes Baumwollgewebe, Perlgarn Nr. 3.
Größe: 100 x 31 cm.
Dieses weihnachtliche Bild wurde überwiegend aus dem Flachstich gearbeitet. Die eingearbeiteten Ringe sind zum Anhängen kleiner Überraschungen gedacht.

Fantasievoller Pfau
Stickarbeit eines 10jährigen Mädchens.
Material: feineres Baumwollgewebe und Perlgarn Nr. 5.
Ergänzend zur Stickerei sind hier angemalte Wäscheknöpfe angenäht worden.

Bunter Fantasievogel
Material: grobes Baumwollgewebe, ungeteilter Sticktwist.
Zierstiche: Stielstich, Kettenstich, Flachstich, Schlingstich, Steppstich.

Einfaches Kinderstickbild
Material: Kongreßstoff und Perlgarn Nr. 5.
Dieses Bild wurde frei nach einem Entwurf aus Vor-, Stepp-, Hexen- und Schlingstichen gearbeitet.

Briefkarten
Aus Stoff und Stickgarnresten kann man in kurzer Zeit schöne Glückwunschkarten sticken.

Nach bisher sehr einfach entworfenen Bildern werden im folgenden Zierstiche gezeigt, die aus Stickbildern nicht wegzudenken sind.

Knötchenstich

Die kleinen abstehenden Knötchen bilden eine schöne Auflockerung zu den anderen Stichen. Obwohl die Technik recht einfach ist, muß man ein bißchen üben, bis man den »Dreh« heraus hat und die Knötchen schön gleichmäßig werden.

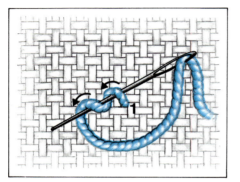

Arbeitsweise
(Die unteren Abbildungen gelten für Linkshänder.)
An der gewünschten Stelle von der Rückseite zur Vorderseite ausstechen (**1**). Mit der anderen Hand den Arbeitsfaden 2mal um die Nadel wickeln (**2**),

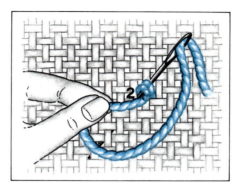

dabei muß der Faden von vorne kommen. Unmittelbar neben der Ausstichstelle (**2**) einstechen und den Arbeitsfaden durch die Wicklung ziehen. Dabei muß der Faden mit der anderen Hand straff gehalten werden, sonst zieht sich der Knoten nicht richtig zusammen.

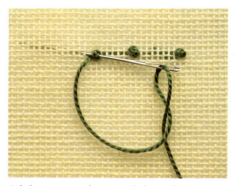

Sticht man mehrere Stiche neben- oder untereinander, so führt man den Arbeitsfaden auf der Rückseite von Knötchen zu Knötchen.

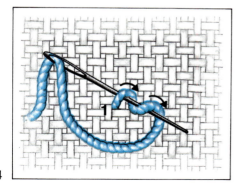
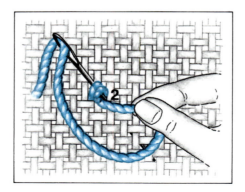
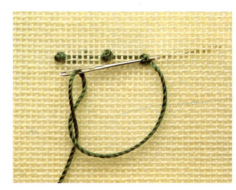

Sternstich

Bei diesem einfachen Blümchenmotiv werden die flachstichähnlichen Stiche kreisförmig angeordnet. Alle Stiche treffen sich in dem gleichen Gewebeloch.

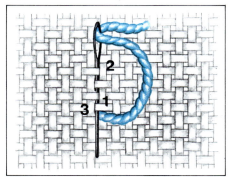 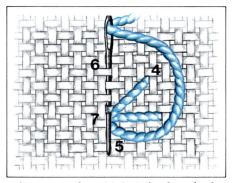 

Arbeitsweise
(Die unteren Abbildungen gelten für Linkshänder.)
Rechtshänder arbeiten kreisförmig von rechts nach links, Linkshänder von links nach rechts. An der gewünschten Stelle von der Rückseite zur Vorderseite ausstechen (**1**) (= Mittelpunkt des Sternchens). 4 Gewebefäden senkrecht nach oben zählen, einstechen (**2**) und in der 1. Ausstichstelle wieder ausstechen (**3**).
Die Arbeit leicht drehen und 3 schräge Fadenkreuze nach oben zählen, einstechen (**4**). Bei **1** wieder ausstechen (**5**). 4 Gewebefäden senkrecht nach oben zählen, einstechen (**6**) usw.
Wenn man die Stickfäden fester als gewöhnlich anzieht, entsteht ein größerer Mittelpunkt.

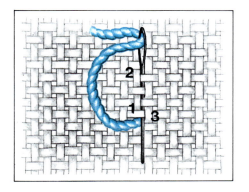 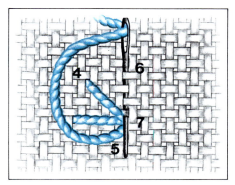 

Margeritenstich

Er besteht aus einzelnen Kettenstichen (siehe Seite 134), die strahlenförmig angeordnet werden. Da die Stiche einzeln sind, muß jeder Stich »befestigt« werden. Der Margeritenstich wird nicht nur als Blütenmotiv verwendet, sondern auch für Blätter.

Arbeitsweise
(Die unteren Abbildungen gelten für Linkshänder.)
Rechtshänder arbeiten kreisförmig von links nach rechts, Linkshänder von rechts nach links.
Im geplanten Mittelpunkt ausstechen

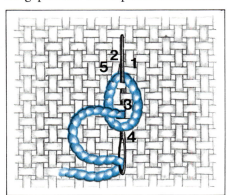

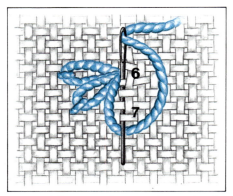

(**1**). 1 Schlinge nach unten legen, in die 1. Ausstichstelle einstechen (**2**). 4 Gewebefäden senkrecht nach unten zählen und oberhalb der Schlinge ausstechen (**3**), Schlinge locker anziehen. Zum Befestigen der Schlinge (Blütenblatt) unmittelbar außerhalb jeder

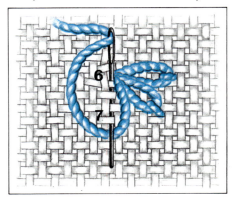

Schlinge (**4**) einstechen und im Mittelpunkt wieder ausstechen (**5**). Arbeit leicht drehen, Schlinge nach unten legen, in den Mittelpunkt einstechen (**6**), 3 schräge Fadenkreuze auffassen usw. (**7**).

Kreismotive aus Schlingstichen

Eine weitere Möglichkeit, Blumenmotive oder Ornamente zu gestalten, gibt der vielseitige Schlingstich (siehe Seite 140).

Wie beim Margeriten- und Sternstich werden auch hier die Stiche kreisförmig angeordnet.

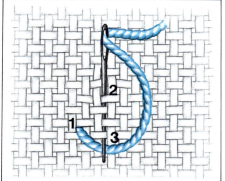 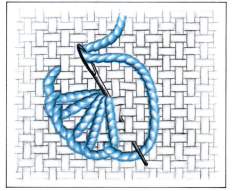 

Arbeitsweise
(Die unteren Abbildungen gelten für Linkshänder.)
Rechtshänder arbeiten von links nach rechts, Linkshänder von rechts nach links. Dabei die Arbeit immer um den gleichen Abstand weiter drehen. Um den Mittelpunkt einen Kreis leicht anzeichnen. Unten auf der Kreislinie ausstechen (**1**). Arbeitsfaden zur Schlinge nach unten legen, im Mittelpunkt einstechen (**2**), Arbeit drehen, auf der Kreislinie ausstechen (**3**), dabei liegt die Nadel über der Schlinge.

Wieder in den Mittelpunkt einstechen, Arbeit drehen usw.
Der Kreis wird geschlossen, indem man unmittelbar neben der 1. Ausstichstelle einsticht und auf der Rückseite den Faden ringförmig vernäht.

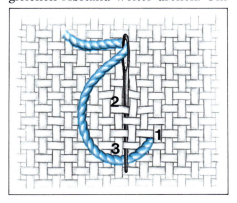 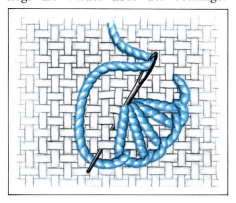 

Kleine Blumenbilder
Auf dem linken Bild sind Blumen und Blätter recht natürlich, auf dem rechten Bild in stilisierter Form dargestellt.
Material: mittelgrobes Gewebe, Perlgarn Nr. 5 (links) oder ungeteilter Sticktwist (rechts).
Zierstiche: Kettenstich, Stielstich, Steppstich, Hexenstich, Knötchenstich, Schlingstich, Spannstich.

Fensterbild
Die Anregung zu diesem Bild kommt aus der Filethäkelei.
Material: netzartiges Baumwollgewebe, Häkelgarn oder Perlgarn Nr. 5.
Zierstiche: Flachstich, Stielstich, Kettenstich.
Randbefestigung: Flachstichgruppen, die Schnittkante zuvor ungefähr 1 cm umschlagen.

Mustertuch als Apfelmotiv
Das Apfelbild wurde von einem 12jährigen Jungen entworfen und gestickt.
Material: Rupfen, Perlgarn Nr. 3.
In dem Apfel sind fast alle Stiche gearbeitet worden, die der bisherige Teil dieses Buches zeigt. Dieses Bild gibt ein Beispiel, wie schön ein Lehrmustertuch gestaltet werden kann. In dem grobgewebten Rupfen ist das Zählen leicht und somit für Anfänger das ideale Objekt. Ein weiteres Beispiel zeigt das Fischmotiv auf Seite 120/121.

Elegantes Brillenetui
Größe: 9 x 17 cm.
Material: grobes Baumwollgewebe und Stickgarn mit Goldfäden.
Zierstiche: Kettenstich, Knötchenstich, Stielstich.
Arbeitsweise: Den Stoff ungefähr 16 x 38 cm zuschneiden, und die Schnittkanten mit der Nähmaschine versäubern. Den Stoff an der Längsseite um die Hälfte umschlagen und mit großen Stichen die Längs- und Quermittellinie markieren, dabei oben den Saum und an einer Seite die Nahtzugabe abrechnen. Nun nach dem Entwurf das Motiv übertragen. Nach dem Sticken und Bügeln die Seitennaht nähen und ausbügeln. Zum Schluß an der oberen Kante den Saum festnähen.

Landschaftsbild
Größe: 29 x 23 cm.
Material: Rupfen, Perlgarn Nr. 3.
Zierstiche: Flachstich, Margeritenstich, Knötchenstich, Steppstich, Stielstich. Die grobe Landschaftsstruktur wurde nach einem Entwurf frei eingezeichnet. Die Anordnung der verschiedenen Bäume und Büsche wurde nur angedeutet und frei gestickt.

Sommerwiese mit Spinne
Hier wurden Eindrücke eines Spazierganges im Stickbild festgehalten.
Größe: 15 x 15 cm.
Material: Siebleinen, 4fädiger Sticktwist.
Zierstiche: Stielstich, Steppstich, Margeritenstich, Sternstich, Flachstich, Knötchenstich, Schlingstich in Kreisform.

Schweizer Zierstiche

Diese Handarbeit ist eine Zugstickerei, die ursprünglich überwiegend in der Schweiz gearbeitet wurde. Durch festes Anziehen der einzelnen Stickfäden entsteht eine besondere durchbruchähnliche Wirkung. Für diese Technik eignen sich am besten alle locker gewebten Stoffe in Leinenbindung, zum Beispiel Siebleinen. Charakteristisch für diese Zierstiche ist, daß man durch die typische Ton-in-Ton-Arbeit eine spitzenähnliche Stickerei erhält.

Im folgenden werden zunächst 3 bereits beschriebene Zierstiche (Stielstich, siehe Seite 132; Flachstich, siehe Seite 136; Zickzackstich, siehe Seite 142) aufgeführt, die durch festes Anziehen oder durch doppelte Stichausführung ein teilweise völlig verändertes Aussehen erhalten.

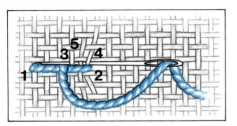

Arbeitsweise des versetzten Stielstiches
Man legt den Arbeitsfaden im Wechsel 1mal nach unten und 1mal nach oben.

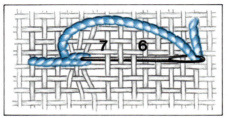

Beim doppelten Stielstich wird der Rückstich 2mal ausgeführt und der Faden besonders fest angezogen. In dem Mustertuch auf Seite 161 ist oben

der versetzte einfache Stielstich gestickt, darunter wird der Stielstich mit doppeltem Rückstich gezeigt.

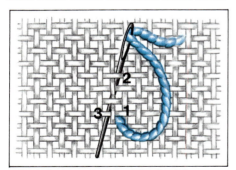

Die Arbeitsweise des Flachstiches
Der Arbeitsfaden wird straff angezogen, dadurch schieben sich die Schußfäden dicht zusammen, und die Kettfäden liegen frei. Damit der Anfangs-

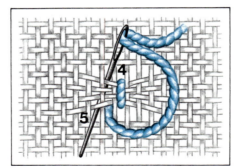

faden durch das feste Anziehen nicht aus dem Gewebe rutscht, hält man ihn mit der anderen Hand fest, bis 2 oder 3 Stiche ausgeführt sind. Durch versetzte Anordnung des Flachstichs in

der nächsten Reihe oder durch senkrechte Gestaltung entstehen Flächenmuster mit vielfältigen Durchbrucheffekten (siehe Mustertuch auf Seite 161).

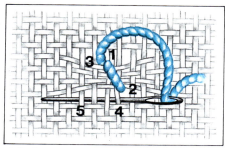

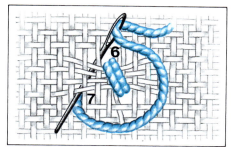

Arbeitsweise des doppelten Zickzackstiches
Die Arbeitsweise ist die gleiche wie auf Seite 142 beschrieben. Bei diesem Zickzackstich wird jeder Schrägstich auf der Vorderseite doppelt ausgeführt und der Faden ziemlich fest angezogen. Dabei ist darauf zu achten, daß die beiden Fäden parallel liegen.

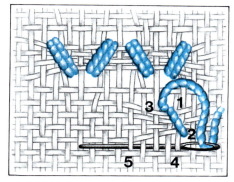

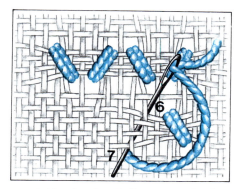

Zickzackstich mit Fenster
Bei gleicher Arbeitsweise bleibt lediglich zwischen jedem Stich 1 Gewebefaden stehen. Setzt man eine 2. Reihe mit 1 Gewebefaden Abstand dagegen, so bleibt 1 Fadenkreuz Zwischenraum. Dieses Fensterkreuz ist in der 2. Zeichnung bereits gut zu erkennen.
Der doppelte Zickzackstich in beiden Varianten eignet sich besonders für Randverzierungen. Bei 2 entgegengesetzt laufenden Reihen entsteht eine geschlossene Wirkung. Stickt man mehrere Reihen untereinander, so entstehen schöne großflächige Muster, mit denen man Kissen, Tischdecken, Läufer, Sets, Blusenpassen und Blenden verzieren kann.

Das Mustertuch zeigt Varianten mit dem versetzten Stielstich, dem Flachstich und dem doppelten Zickzackstich.
Material: grobes Siebleinen, Perlgarn Nr. 5.

Kästchenstich

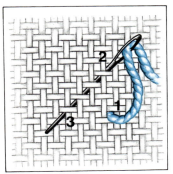

Arbeitsweise Rechtshänder
Man arbeitet von rechts nach links. Das Kästchen beginnt immer rechts unten. Hier ausstechen (**1**), 4 Gewebefäden senkrecht nach

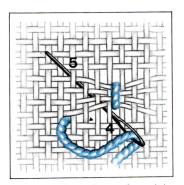

oben zählen, einstechen (**2**). 4 Gewebefäden nach links und nach unten zählen, diagonal ausstechen (**3**) und den Arbeitsfaden fest anziehen. In die 1. Ausstichstelle einste-

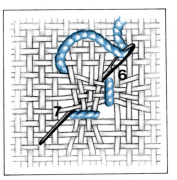

chen (**4**), 4 Gewebefäden nach links und nach oben zählen, diagonal ausstechen (**5**), fest anziehen. In die 2. Einstichstelle einstechen (**6**), bei **3** wieder ausstechen

(**7**), fest anziehen. Senkrecht nach oben bei **5** einstechen (**8**) und für das neue Kästchen 4 Gewebefäden neben **7** ausstechen (**9**).

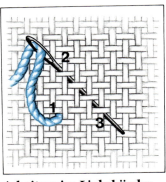

Arbeitsweise Linkshänder
Man arbeitet von links nach rechts. Das Kästchen beginnt immer links unten. Hier ausstechen (**1**), 4 Gewebefäden senkrecht nach

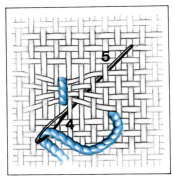

oben zählen, einstechen (**2**). 4 Gewebefäden nach rechts und nach unten zählen, diagonal ausstechen (**3**) und den Arbeitsfaden fest anziehen. In die 1. Ausstichstelle einste-

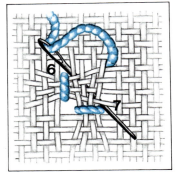

chen (**4**), 4 Gewebefäden nach rechts und nach oben zählen, diagonal ausstechen (**5**), fest anziehen. In die 2. Einstichstelle einstechen (**6**), bei **3** wieder ausstechen

(**7**), fest anziehen. Senkrecht nach oben bei **5** einstechen (**8**) und für das neue Kästchen 4 Gewebefäden neben **7** ausstechen (**9**).

Rückseite
Auf der Rückseite entsteht zuerst ein diagonaler Stich, darüber dann ein Kreuz. Beim Vernähen werden die Anfangs- und Endfäden unter den gekreuzten Fäden durchgezogen.

Anwendungsmöglichkeiten
Das rechts abgebildete Mustertuch zeigt beide Arten des Kästchenstiches als Reihen- und als Flächenmuster. In dieser Art kann er in Passen, Kissen und Decken gestickt werden.
Die Borte aus einer Kästchenstichreihe und 2 Flachstichreihen gibt ein Beispiel einer einfachen Randverzierung.
Material: grobes Siebleinen, Perlgarn Nr. 5.

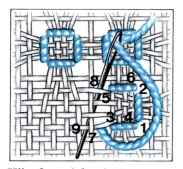 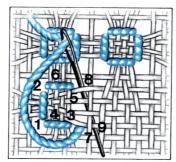

Kästchenstich mit Fenster
Die Arbeitsweise ist die gleiche wie beim Kästchenstich. Man läßt – wie schon beim Zickzackstich mit Fenster – lediglich zwischen den Kästchen einen Gewebefaden Zwischenraum. Setzt man eine 2. Reihe mit einem Gewebefaden Zwischenraum darunter (oder darüber), so entsteht auch hier ein »Fenster« mit einem Fadenkreuz. Die Zeichnungen zeigen die Arbeitsweise für Rechts- und Linkshänder.

Set mit Initialen
Größe: 40 x 30 cm.
Material: feines Siebleinen, Perlgarn Nr. 8, Ton-in-Ton.
Die senkrechte Borte ist eine Kombination aus Schweizer Zierstichen. Die Initialen sind aus dem einfachen Kästchenstich gearbeitet.

Zackenstich

Er ist im Prinzip eine Kombination aus dem Stielstich und dem Zickzackstich. Der Stielstich wird im Wechsel 1mal oben und 1mal unten gearbeitet. Beim Wechseln von oben nach unten entstehen die schrägen, zackenähnlichen Stiche.

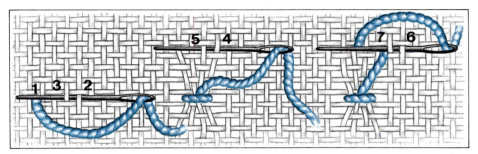

Arbeitsweise für Rechtshänder
Man arbeitet von links nach rechts. Am Rand unten ausstechen (**1**), 4 Gewebefäden nach rechts zählen, einstechen (**2**). 2 (die Hälfte) der Gewebefäden wieder nach links zählen, auffassen, *oberhalb* des Arbeitsfadens ausstechen (**3**). 4 Gewebefäden von **2** senkrecht nach oben zählen, einstechen (**4**). 2 Gewebefäden nach links auffassen, ausstechen (**5**). 4 Gewebefäden nach rechts zählen, einstechen (**6**). 2 Gewebefäden nach links zählen, auffassen, *unterhalb* des Arbeitsfadens ausstechen (**7**), den Faden fest anziehen usw.

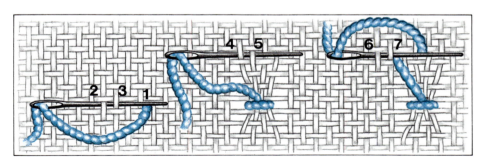

Arbeitsweise für Linkshänder
Man arbeitet von rechts nach links. Am Rand unten ausstechen (**1**), 4 Gewebefäden nach links zählen, einstechen (**2**). 2 (die Hälfte) der Gewebefäden wieder nach rechts zählen, auffassen, *oberhalb* des Arbeitsfadens ausstechen (**3**). 4 Gewebefäden von **2** senkrecht nach oben zählen, einstechen (**4**). 2 Gewebefäden nach rechts auffassen, ausstechen (**5**). 4 Gewebefäden nach links zählen, einstechen (**6**). 2 Gewebefäden nach rechts zählen, auffassen, *unterhalb* des Arbeitsfadens ausstechen (**7**), den Faden fest anziehen usw.

Rückseite
Sie zeigt 2 Reihen steppstichähnlich gebündelte Stiche, die keinen Zwischenraum haben. Die durchgezogenen Anfangs- und Endfäden sitzen dementsprechend sehr fest und brauchen nicht zu lang vernäht werden.

Was tun, wenn der Arbeitsfaden zu Ende ist?
Man beendet den Stich am besten mit dem großen Querstich und vernäht den Endfaden auf der Rückseite, dabei den Faden fest anziehen. In der Mitte dieses Stiches sticht man von der Rückseite mit dem neuen Faden aus und arbeitet in üblicher Weise weiter.

Spannen
Um die durchbruchartige Stickerei voll zur Geltung zu bringen und das eventuell verzogene Gewebe zu begradigen, werden diese Arbeiten gespannt. Dazu auf ein Brett einige Lagen weiße Tücher legen. Dann die Handarbeit befeuchten und mit der Vorderseite

nach oben darauflegen. Zunächst die 4 Ecken mit rostfreien Nägelchen befestigen, dabei prüfen, ob die gegenüberliegenden Seiten gleich lang und die Gewebefäden rechtwinklig sind. Dann ungefähr pro Zentimeter ein Nägelchen eindrücken. So vorbereitet läßt man die Arbeit trocknen (mindestens 24 Stunden).

Variationen
Auf dem Mustertuch ist der Zackenstich in der 1. Reihe eng aneinander gestickt, in der 2. Reihe mit Zwischenraum. Bei der Borte werden die 3 Reihen Zackenstich vom Flachstich begrenzt.
Material: grobes Leinen, Perlgarn Nr. 5.

Waffelstich

Auch dieser Stich erscheint auf den ersten Blick recht kompliziert. Doch seine Technik besteht lediglich aus 2maligem Umwickeln einer bestimmten Gewebezahl, 1mal oben, 1mal unten, versetzt. Beim Wechseln von oben nach unten beziehungsweise umgekehrt wird der Arbeitsfaden von unten nach oben beziehungsweise von oben nach unten gelegt. Durch festes Anziehen liegt dieser Faden nicht senkrecht, sondern leicht geschwungen.

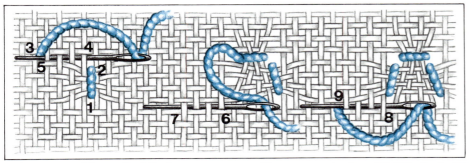

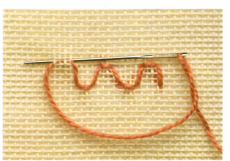

Arbeitsweise für Rechtshänder
Man arbeitet von rechts nach links. Unten beginnen (**1**). 4 Gewebefäden senkrecht nach oben zählen, einstechen (**2**). 4 Gewebefäden nach links auffassen, ausstechen (**3**). Wieder bei **2** einstechen (**4**), und diesen Arbeitsgang wiederholen (**5**), fest anziehen. 4 Gewebefäden senkrecht nach unten zählen, einstechen (**6**). 4 Gewebefäden nach links auffassen, ausstechen (**7**). Wieder bei **6** einstechen (**8**), diesen Arbeitsgang wiederholen (**9**), fest anziehen. 4 Gewebefäden senkrecht nach oben zählen, einstechen (**10**) usw.

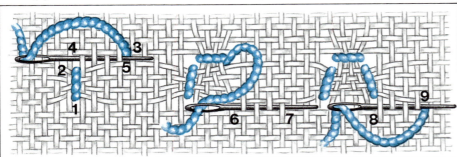

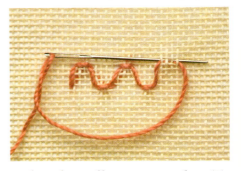

Arbeitsweise für Linkshänder
Man arbeitet von links nach rechts. Unten beginnen (**1**). 4 Gewebefäden senkrecht nach oben zählen, einstechen (**2**). 4 Gewebefäden nach rechts auffassen, ausstechen (**3**). Wieder bei **2** einstechen (**4**), und diesen Arbeitsgang wiederholen (**5**), fest anziehen. 4 Gewebefäden senkrecht nach unten zählen, einstechen (**6**). 4 Gewebefäden nach rechts auffassen, ausstechen (**7**). Wieder bei **6** einstechen (**8**), diesen Arbeitsgang wiederholen (**9**), fest anziehen. 4 Gewebefäden senkrecht nach oben zählen, einstechen (**10**) usw.

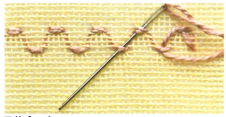

Rückseite
Sie zeigt waagerecht zusammengezogene Stiche in 2 Ebenen versetzt.
Das übliche Vernähen (Durchziehen des Stickfadens in der waagerechten Reihe) würde bei diesen durchbruchartigen Stickereien auf der Vorderseite sichtbar werden. Das Vernähen muß deshalb im »Schatten« der Stiche in einer Zickzackform erfolgen.

Was tun, wenn der Arbeitsfaden zu Ende ist?
Man beendet den letzten Stich senkrecht mit einem Einstich oben oder unten und läßt den Endfaden zunächst hängen. Mit dem neuen Faden sticht man 4 Gewebefäden daneben aus und arbeitet wie gewohnt den Doppelstich.
Später vernäht man die Endfäden immer so, daß der Faden auf der Vorderseite die richtige Spannungsrichtung hat.

Variationen
Auf dem Mustertuch sieht man den Waffelstich als Einzelreihe, dann als Flächenmuster. Bei der Borte sind die 2 mittleren Waffelstichreihen mit dem Stielstich, Flachstich und Zackenstich ergänzt.
Material: feines Siebleinen, Perlgarn Nr. 8.

Schnecke
Größe: 18 cm Durchmesser.
Material: Siebleinen, 4fädiger Sticktwist.
Zierstiche: für den Körper Stielstiche (Umriß), Waffelstich als Füllstich, für das Schneckenhaus offener Kettenstich (Umriß), Kästchenstich, Flachstich und Stielstich (Mitte).
Die Farben sind bewußt überwiegend hell gehalten. Die »schnelle« schräge Stromlinienform des Schneckenhausmusters ist zufällig entstanden, weil beim Auflegen der Schablone die Fadenkreuze nicht gerade lagen.

Hardangerstickerei

Die Hardangerstickerei kommt aus Norwegen und hat ihren Namen von dem norwegischen Fjord »Hardanger«. Diese Stickerei gehört zu den Durchbruchstickereien. Durch Herausziehen von Gewebefäden wird das Gewebe »durchbrochen«. Die nun etwas locker gewordenen Gewebefäden müssen mit verschiedenen Stichen befestigt (gesichert) werden. Der bereits bekannte Flachstich wird hier als Befestigungsstich angewendet. Typisch für diese Stickerei sind die unzähligen geometrischen Motive (Abbildung) mit dem Flachstich, der nun auch schräg und waagerecht gearbeitet wird.

Allgemeine Tips zur Vorbereitung
Man zeichnet sich den zu stickenden Gegenstand (hier Tischdecke) auf Papier und teilt die Fläche.
Nach einem genauen Entwurf kann man die erforderlichen Gewebefäden in der Höhe und in der Breite abzählen. Nun teilt man den Stoff in gleichmäßige Felder. Von diesen Feldern ist wiederum die Mitte zu markieren, an der man dann mit dem Motiv beginnen kann.

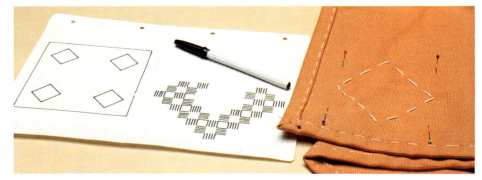

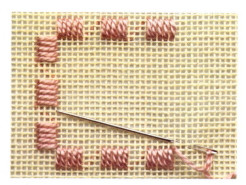
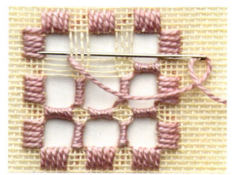
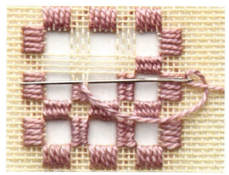

Arbeitsweise der Durchbruchmotive

Man beginnt immer zuerst mit der Umrandung der einzelnen Motive mit dem Flachstich. Es werden Flachstichgruppen aus 5 Stichen mit 4 Gewebefäden Zwischenraum gearbeitet. An der Ecke stoßen die Flachstiche rechtwinklig aneinander. Dann werden die Gewebefäden vorsichtig mit einer kleinen, spitzen Schere dicht an den Flachstichgruppen abgeschnitten und mit einer Sticknadel vorsichtig herausgezogen. So entsteht ein Fadengitter. Dieses Fadengitter muß durch Umsticken befestigt, das heißt gesichert werden.

Befestigung des Fadengitters
(Die unteren Abbildungen gelten für Linkshänder.)
Die Befestigung des Fadengitters wird auch Umstopfen genannt. Die einfachste Art ist das Umwickeln der freigelegten Fäden (hier 4). Den Anfangsfaden auf der Rückseite in die Arbeitsrichtung legen, so daß er gleich beim Umwickeln mit befestigt wird. Die noch verbliebene Gewebefläche wird auf der Rückseite übergangen.
Als Variante kann man auch jeweils 2 Gewebefäden umwickeln. Bei dieser 2. Befestigungsart wird der Stickfaden in einer Art Achterschlinge zwischen den 4 Gitterfäden von oben nach unten im Wechsel durchgezogen. Der Kreuzungspunkt ist die Mitte der 4 Gitterfäden. Auch hier kann der Anfangsfaden auf der Rückseite beim Arbeiten der ersten Schlingen mit umstochen werden.
Die Endfäden vernäht man durch die Flachstichgruppen am Rand.

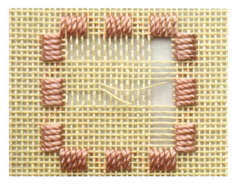
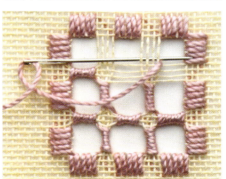
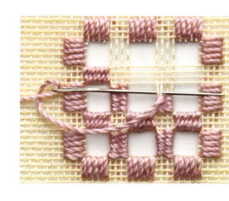

Zur Belebung des Fadengitters hier noch eine weitere Anregung. Beim Umstopfen des Fadengitters in beiden erwähnten Arten kann gleichzeitig der Schlingstich über die verbleibenden leeren Quadrate gespannt werden. Dazu umstopft man von jedem Quadrat den letzten Steg nur halb und arbeitet je 1 Schlingstich über die schon umstopften Stege. Dann wird der letzte Steg mit den Achterschlingen beendet.

 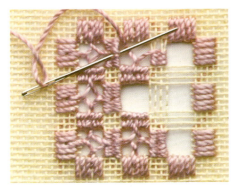

Anwendungsmöglichkeiten
Diese dekorative Stickerei eignet sich für Tischdecken, Sets, Läufer, Deckchen, Kissen, Scheibengardinen usw. Wie die norwegischen Frauen aus dem Hardangergebiet kann man auch Blusen, Dirndlschürzen und Dreieckstücher verzieren.

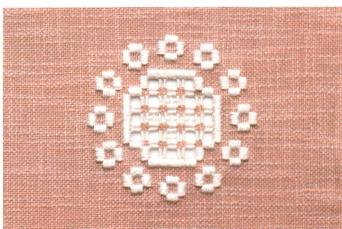 

Der abgebildete Ausschnitt (Tischdecke Seite 171) zeigt eine Variante zur Umrandung und Eckenbildung. Die Flachstiche sind hier durchgehend gearbeitet. Die Ecke ist abgestuft, indem jeweils 5 Flachstiche 2mal rechtwinklig aneinanderstoßen. Die 4 Fäden des Fadengitters sind in 2 Arbeitsgängen getrennt (je 2) umwickelt. Die Mitte des Motivs ist mit dem Schlingstich betont. Stilisierte Blumen aus 4 Flachstichgruppen, die rechtwinklig aneinanderstoßen, umrahmen das Durchbruchmuster.

Das Tulpenmotiv (Mitteldecke Seite 171) ist rechteckig angelegt. Auch hier sind die 4 Fäden des Fadengitters in Zweiergruppen getrennt umwickelt. Die ergänzenden Schlingstiche wurden außen eingearbeitet. Der Flachstich in verschiedener Anordnung rechts und links des Durchbruchmusters vollendet die Blume. Besonders reizvoll ist die Ton-in-Ton-Abstufung.

Quadratische Mitteldecke
Größe: 60 x 60 cm.
Material: grobes Baumwollgewebe, Perlgarn Nr. 3 und Nr. 8.
Randbefestigung: Hohlsaum (siehe Seite 58).
Hier wurde die Mitte als Dekorationsschwerpunkt gewählt.

Material
Für die Hardangerstickereien eignen sich alle gröberen Gewebe in Leinenbindung, das heißt, Kett- und Schußfaden sind gut sichtbar und sollten auch gleich stark sein.
Für das Umstopfen des Fadengitters verwendet man in der Regel ein etwas dünneres Stickgarn als für die Flachstiche.

Große Tischdecke
Größe: 140 x 200 cm.
Material: grobes Leinen, Perlgarn Nr. 3 für den Flachstich, Perlgarn Nr. 8 für das Fadengitter.
Bei dieser Tischdecke wird gezeigt, wie man eine große Fläche auf einfache Weise aufteilen kann. Die Betonung der Verzierung liegt am Rand.

Hohlsaum

Der Hohlsaum ist eigentlich eine Saumbefestigungsart. Durch Herausziehen von mindestens 1 Gewebefaden parallel zum gelegten Saum erhält man eine »hohle« Stelle. Die verbleibenden Gewebefäden sind locker geworden und müssen mit dem sogenannten Hohlsaumstich befestigt (gesichert) werden. Dabei faßt man an der Saumkante einen Gewebefaden mit und befestigt somit den Saum.

Unter Hohlsaum versteht man aber auch eine vielseitige Flächenverzierung, bei denen Gewebefäden in einer oder in beiden Richtungen herausgezogen und mit dem Hohlsaumstich gesichert werden. Somit gehört der Hohlsaum auch zu den Einfach- und Doppeldurchbrucharbeiten.

Eine 3. Anwendungsmöglichkeit bietet der Hohlsaumstich als einfache Randbefestigung mit Fransenbildung. Nach dem Herausziehen eines Gewebefadens arbeitet man zuerst den Hohlsaumstich und entfernt danach die Gewebefäden bis zur Schnittkante. So entstehen Fransen (siehe Mustertuch (Seite 173).

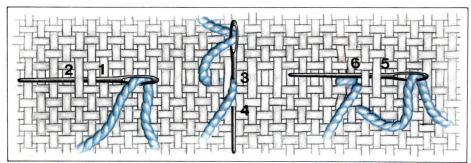

Arbeitsweise des Hohlsaumstiches
(Die unteren Abbildungen gelten für Linkshänder.)
Man arbeitet den Hohlsaumstich auf der Rückseite. Er besteht aus 2 Arbeitsgängen: 1. das Bündeln und 2. das Befestigen des Bündels. An der gewünschten Stelle 1 oder 2 Gewebefäden ausziehen. 2 Gewebefäden auffassen (= bündeln) (**1, 2**), Arbeitsfaden durchziehen.

Direkt neben diesem Bündel einstechen (**3**) und 2 Gewebefäden tiefer ausstechen (**4**). Arbeitsfaden zum Körper hin fest anziehen, wieder bündeln (**5, 6**) usw.

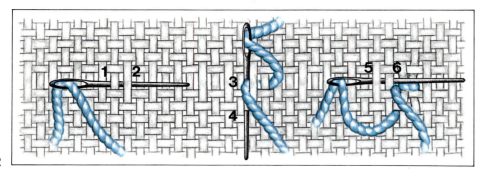

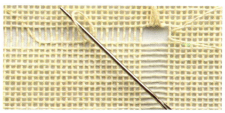

Eckenbildung bei der Hohlsaumstickerei

Eine Ecke entsteht, wenn die ausgezogenen Fäden von 2 Richtungen aufeinanderstoßen. Es werden dafür Kett- und Schußfäden bis zu diesem Punkt ausgezogen.

Die ausgezogenen Fäden werden bis auf 2 bis 3 cm abgeschnitten und auf der linken Seite mit unsichtbaren Steppstichen aus gleichfarbigem Nähgarn befestigt.

Ergänzend kann man die Ecke mit dem Schlingstich sichern. Dazu verwendet man entweder den Stickfaden (Foto) oder einen ausgezogenen Gewebefaden, wenn die Ecke nicht betont werden soll.

Variationen

1 Der Stäbchenhohlsaum. Befestigt man mit dem Hohlsaumstich auch die gegenüberliegende Seite in gleicher Weise, so entstehen gerade Büschel, die Stäbchen ähneln.

2 Der Zickzackhohlsaum. Arbeitet man auf der gegenüberliegenden Seite den Hohlsaumstich versetzt, so entsteht ein Zickzackmuster. Man faßt die Hälfte der Fäden des einen Bündels mit der Hälfte des anderen Bündels zusammen. In diesem Fall müssen die Anzahl der Bündelfäden immer gerade sein. Darauf ist schon beim Sticken der ersten Reihe zu achten.

3 Verdrehter Stäbchenhohlsaum. Die Büschel werden durch Einziehen eines Stickfadens verdreht.

4,5 Eine sehr schöne Wirkung erzielt man durch die Kombination von Hohlsaum-, Flach-, Kästchen- und Hexenstich.

6 Hohlsaum als Randbefestigung mit Fransen.
Material: mittelgrobes Gewebe, Perlgarn Nr. 5.

Saumbefestigung mit Eckenbildung

Zu Beginn dieses Kapitels wurde gesagt, daß man unter Hohlsaum überwiegend eine Saumbefestigungsart versteht. Im folgenden wird die Arbeitsweise erklärt. Zunächst legt man den doppelten Saum. Dieser besteht aus Einschlag und Umschlag.

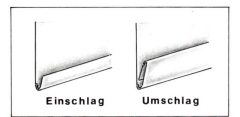

Für den Einschlag ungefähr 1/2 Saumbreite fadengerade umlegen und mit dem Daumennagel die entstandene Bruchkante kniffen.

Für den Umschlag die ganze Saumbreite fadengerade umlegen und ebenfalls mit dem Daumen die Bruchkante kniffen. Anschließend an der Innenseite des Saumes einen Gewebefaden bis zur Ecke ausziehen. Die gekürzten Endfäden in den Saum legen und mit gleichfarbigem Garn unsichtbar befestigen.

174

Beim Hohlsaum wird immer die Kuvertecke (diagonale Ecke) gearbeitet. Dazu den Saum an der Ecke wieder aufschlagen. Die Punkte A und B markieren die Kreuzungspunkte der Einschlagbruchkanten mit den fortgeführten Linien der ausgezogenen Gewebefäden. Entlang der Linie zwischen A und B den Stoff nach innen legen. Etwa 0,5 cm parallel zu dieser Bruchkante die Ecke abschneiden.

Den Saum wieder einschlagen, so daß die diagonale Ecke entsteht. Den Saum rundherum stecken und heften. Dann die Ecke mit feinem Nähgarn unsichtbar zusammennähen, indem von jeder Bruchkante 1 Gewebefaden aufgefaßt wird (Fotos rechts oben).

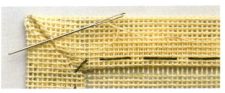

Der Hohlsaumstich wird auf der linken Seite gearbeitet, die Saumkante zeigt dabei nach unten. Das Befestigen der Bündel erfolgt 1 bis 2 Gewebefäden in der Bruchkante des Saumes. Der Abstand zwischen den Befestigungsstichen entspricht immer der Anzahl der gebündelten Fäden.

An der Ecke, nach dem letzten Befestigungsstich, in der Bruchkante des Saumes den Arbeitsfaden durchführen. Dabei die Arbeit im rechten Winkel drehen und auf der nächsten Saumseite mit dem Bündeln beginnen.

Die Anfangs- und Endfäden können zum Vernähen zwischen die Saumlagen gezogen werden.

Anleitungen und Tips zur Fertigstellung

Doppelter Saum

Der doppelte Saum besteht aus einem Einschlag und einem Umschlag. Der Umschlag ist meist doppelt so breit wie der Einschlag. Man mißt zuerst den Einschlag ab und faltet ihn fadengerade, danach wird der Umschlag ebenso gearbeitet.

Um das fadengerade Falten zu vereinfachen, kann man mit der Sticknadel die Linie ins Gewebe ritzen.
Die Ecken können entweder rechtwinklig (gerade Ecken) oder diagonal (Kuvertecken) gelegt werden.

Da bei dem doppelten Saum an der Ecke 8 Stofflagen übereinanderliegen, muß ein Teil davon herausgeschnitten

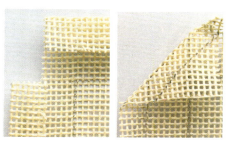

werden. Die Fotos zeigen die Schnittlinien bei der geraden Ecke und bei der Kuvertecke.

Der doppelte Saum wird nach dem Umlegen und der Eckenbildung zunächst mit Stecknadeln rundherum gesteckt, dann geheftet (geriehen), dabei werden die Stecknadeln entfernt. Den Reihfaden verknotet man am Anfang, am Ende wird er mit einem Doppelstich befestigt.
Nach diesen Vorbereitungsarbeiten wird der Saum mit Saumstichen befestigt. Den Anfangsfaden etwa 4 cm durch den doppelten Saum bis zur Anfangsstelle ziehen. Direkt neben der Saumkante im einfachen Stoff ein Fadenkreuz schräg von oben auffas-

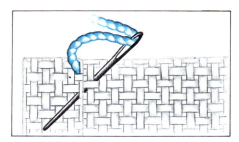

sen, die Nadel unter die Bruchkante des Saumes führen und hier 1 oder 2 Gewebefäden auffassen.

Um neben der Festigkeit einen besonders schönen Ziersaum zu erhalten, faßt man entweder immer das Längs- oder das Querfadenkreuz im einfachen Stoff und in der Saumkante die gleichen Gewebefäden auf. (Siehe auch Seite 126).

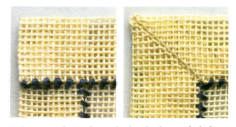

Die gerade Ecke wird mit dem gleichen Stich befestigt. Bei der Kuvertecke wird mit einem wenig sichtbaren Nähfaden von jeder Bruchkante jeweils ein Gewebefaden aufgefaßt. Den Arbeitsfaden zieht man dann durch die Stofflagen bis zur nächsten Saumreihe.

Nahtverbindungen

Steppnaht
Die Stoffteile rechts auf rechts legen, so daß die Schnittkanten deckungsgleich sind. Je nach Stoffstärke 1 bis 3 cm unterhalb der Stoffkante stecken, danach heften und anschließend mit

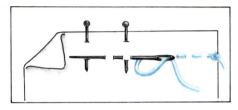

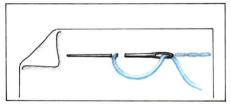

dem Steppstich (Seite 130) die Naht schließen. Die Anfangs- und Endfäden werden mit einem Doppelstich besonders befestigt.
Vor dem Ausbügeln der Naht entfernt man den Heftfaden.

Überwindlingsnaht
2 gesäumte Stoffteile können auf recht einfache Weise mit dem Überwindlingsstich zusammengefügt werden.

Dazu legt man die beiden Stoffteile rechts auf rechts, steckt und heftet sie aufeinander.
Den Überwindlingsstich arbeitet man von rechts nach links. Linkshänder arbeiten gegengleich.
Wie beim Saumstich wird der Anfangsfaden ungefähr 4 cm im doppelten Saum bis zu der gewünschten Stelle durchgezogen.
Dann legt man den Arbeitsfaden über beide Saumbruchkanten hinweg und sticht von hinten nach vorne unter den obersten Gewebefäden durch. Der 1. Stich wird an der gleichen Stelle zur Befestigung des Anfangsfadens wiederholt. Den Endfaden befestigt man ebenso.

Schlingstichnaht
Sollen gesäumte Stoffteile mit einer dekorativen Ziernaht verbunden werden, verwendet man den Schlingstich (Seite 140), so zum Beispiel bei patchworkähnlichen Arbeiten usw.
Die beiden Bruchkanten legt man flach voreinanderstoßend. Um diese Kanten wird der Schlingstich im Wechsel einmal nach oben und einmal nach unten gearbeitet.

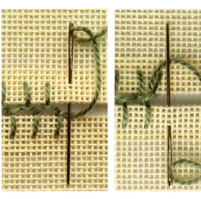

Den Anfang und das Ende einer Schlingstichnaht sollte man zusätzlich mit einem kleinen Unterstich befestigen. Die Anfangs- und Endfäden werden im doppelten Stoff durchgezogen. Der Schlingstich kann auch in veränderter Form (siehe auch Seite 141) gearbeitet werden.